Heilwig von der Mehden

Vielgeliebte Nervensägen

Von großen und kleinen Kindern

Band 516 · · 144 Seiten, 3. Auflage

Humorvoll und nicht ohne Ironie schreibt hier Heilwig
von der Mehden über die Freuden und Sorgen des Familienlebens, vor allem über den Umgang und die Erfahrungen mit Kindern. Welche Überraschungen Kinder ins Haus
bringen, welche Erwartungen – zu Recht oder Unrecht – in
sie gesetzt werden und wie sie ihre Probleme lösen, weiß
die Autorin lebendig und charmant zu schildern (Über-
arbeitete Neuausgabe von „Aber lieb sind sie doch").

Ehret die Frauen – aber übernehmt euch nicht!

Notizen aus dem weiblichen Alltag

Band 539 · · 144 Seiten, 2. Auflage

Mit den hier gesammelten Schilderungen und Betrachtun-
gen liefert die bekannte „Brigitte"-Kolumnistin das lang-
erwartete Pendant zu dem erfolgreichen Taschenbuch
„Nehmt die Männer, wie sie sind" (Herderbücherei-Band
427). Sie berichtet von den Frauen, die versuchen, sich in
einer Männerwelt zu behaupten, die regieren und sich regieren lassen, um Schönheit und Eleganz kämpfen. Ihre besten
Geschichten hat sie für dieses Taschenbuch zusammen-
gestellt.

in der Herderbücherei

Humor und Unterhaltung

in der Herderbücherei

Herderbücherei

Band 474

Über das Buch

Man möchte sie manchmal zum Blocksberg wünschen, die lieben Mitmenschen – aber niemand lebt wie Robinson. Verwandte, Freunde und auch Gelegenheitsbekanntschaften, wie Taxichauffeure, Verkäuferinnen und Reisebegegnungen, spielen in unserem Leben eine unübersehbare Rolle. Heilwig von der Mehden, Kolumnistin der „Brigitte", die in dem erfolgreichen Taschenbuch „Nehmt die Männer, wie sie sind!" (Herderbücherei Nr. 427) dem starken Geschlecht einen so liebenswürdig-kritischen Spiegel vorgehalten hat, porträtiert diesmal die Leute um uns herum und beschreibt, wie man sich tagtäglich mit ihnen herumschlagen muß. Der Leser wird mit der Autorin nicht nur seufzen „So sind sie eben!", sondern auch die Einsicht teilen, daß man die meisten nur zu nehmen wissen muß. Und über die andern sollte man wenigstens ein bißchen lachen.

Über die Autorin

Heilwig von der Mehden, 1923 in Essen geboren, in Köln und Bonn erzogen, wurde stets im Rheinland für eine Hamburgerin gehalten und in Hamburg für eine Rheinländerin. Studium: Germanistik, Geschichte, Zeitungswissenschaft, Kunstgeschichte, Theaterwissenschaft, Soziologie. Mitarbeiterin beim Rundfunk, Volontärin im Feuilleton der „Welt", Redakteurin. Seit 1957 schreibt sie regelmäßig alle vierzehn Tage für die Zeitschrift „Brigitte" eine Kolumne. Sie lebt in Bonn und ist verheiratet mit Conrad Ahlers.

Heilwig von der Mehden

Keiner lebt wie Robinson

Von Verwandten, Bekannten
und anderen Leuten

Herderbücherei

Originalausgabe
erstmals veröffentlicht als Herder-Taschenbuch

Umschlagzeichnung: Willy Kretzer

1. Auflage November 1973
2. Auflage April 1974
3. Auflage Oktober 1975
4. Auflage September 1976

Inhalt

Mir sagt ja keiner was!

Manche Menschen wissen einfach alles: den Beruf des zukünftigen Schwiegersohnes vom linken Nachbarn, die Anzahl der Spritzen, die nötig waren, um Tante Elisabeth wieder auf die Beine zu bringen, den Preis des Einfamilienhauses ihrer zweitbesten Freunde und den mutmaßlichen Urlaubsort (nebst Vollpensionskosten) ihres angeheirateten Vetters. Sie erinnern sich noch nach Jahrzehnten an die Eltern der verflossenen Bräute ihrer Brüder mitsamt deren Eigenheiten, sie haben keine Phase des Krieges gegen die Behörde vergessen, der stattfand, als der Neffe Thomas durch die Oberschulaufnahmeprüfung fiel, und wenn die Rede auf die Scheidung eines entfernten Bekannten kommt, so können sie mit interessanten Einzelheiten aufwarten. Andere Leute wissen nie etwas: Sie fragen den frisch geschiedenen Ehemann nach seiner reizenden Gattin, sie klingeln an der Haustür des verreisten besten Freundes, sie suchen ihre liebe alte Tante, die vor drei Jahren nach Düsseldorf verzogen ist, vergeblich im Hamburger Telefonbuch, und sie sprechen ausführlich über die Mißlaunigkeit von Magenkranken in Gegenwart ihres seit Monaten magenleidenden Vorgesetzten. Wenn ihnen ziemlich nahestehende Personen berichten, daß die schrecklichen Ereignisse der letzten Wochen noch immer an ihnen zehren, so haben sie keine Ahnung, wovon die Rede ist, und wenn ein junger Vater ihnen stolz seinen Stammhalter zeigt, so bemerken sie, daß die Kleine das zarte Gesicht der Mutter geerbt habe. Und dann, wenn ihnen alle diese Mißgeschicke zugestoßen sind, brechen sie in vorwurfsvolle Klagen aus: „Mir sagt ja keiner was!"

Man hat die Vision eines armen, einsamen Menschen, bei dessen Eintritt alle traulichen Gespräche verstummen, der in einer eisigen Atmosphäre absoluten Schweigens dahinzuleben verdammt ist. Nun ja, das mag es geben – im allgemeinen aber ist der Mensch, dem keiner etwas sagt, zumeist ein Mensch, der nicht recht zuhört. Natürlich ist der Bericht Tante Annis über den Umzug Tante Hildas von Hamburg nach Düsseldorf ohne rechte Sensation und ohne rechten Reiz für einen geistigen Menschen und vielbeschäftigten Kopf, so daß ein Blick in die Zeitung, ein Versenken in die eigene Gedankenwelt oder ein Gespräch mit einem anderen Menschen vorzuziehen ist. Auch den gewiß recht anstrengenden Disput über das verworrene Testament Onkel Karls kann man mit leerem Kopf und abwesendem Lächeln an sich vorüberplätschern lassen, ohne etwas zu registrieren, und wenn jemand sein Fehlen im Büro damit entschuldigt, daß er sich an dem fraglichen Tag verloben will, so kann man die Entschuldigung akzeptieren, ohne den Grund innerlich zu verarbeiten – woraufhin dann der Glückwunsch ausbleibt und sehr viel später die vorwurfsvolle Frage im Raum steht: „Warum haben Sie das denn nicht erzählt? – Aber mir sagt ja niemand etwas!"

Zuweilen hat übrigens der Mensch, dem angeblich nie jemand etwas erzählt, auch recht mit seiner Behauptung: Man weiß, daß manche Dinge ihn unendlich langweilen, und verschont ihn vorsorglich damit, ohne zu wissen, daß eine solche Rücksichtnahme sich dann nachteilig auswirken kann. Wie soll man es denn dem guten Onkel klarmachen, daß man den spannenden Bericht seiner Operation nicht haarklein weiterberichtet hat, weil man nicht das geringste Interesse vorfand? Und die Geschichte, wie der

Sohn der besten Freundin der Schwiegermutter den Bundeskanzler persönlich traf, hat man auch nicht erzählt, weil man ganz sicher war, daß die Existenz dieses Sohnes nicht als bekannt vorausgesetzt werden konnte. Es hat sich übrigens immer als ratsam erwiesen, die Menschen, denen angeblich nie jemand etwas erzählt, kurz einzuweisen, ehe man mit ihnen irgendwo hingeht, damit sie nicht allzu ahnungslos und teilnahmslos erscheinen. Trotz aller Mühe kann man aber nicht verhindern, daß sie dann voll echter Besorgnis nach dem kranken Arm fragen, wenn der so Befragte das rechte Bein mehrfach gebrochen hatte.

Aber wie alles auf der Welt mindestens zwei Seiten hat, so zieht auch die Umgebung des Menschen, der nicht so recht hinhört und für viele Dinge einen bedauerlichen Mangel an Interesse zeigt, aus diesen nicht unbedingt positiven Eigenschaften ihren Nutzen. Schon raffinierte kleine Töchter behaupten von der Fünf in Mathematik im Brusttone der Überzeugung: „Aber das habe ich dir doch längst schon erzählt!" und schneiden damit wohlberechtigte Vorwürfe ab. Der Mensch, dem nie jemand was sagt, reizt seine Umwelt geradezu zu der Behauptung, man habe ihm doch dies oder jenes längst gesagt! Und da er es nie so genau weiß, ist er zuweilen ehrlich davon überzeugt, er habe wirklich gewußt, daß das Sofa bezogen und die kinderreiche Kusine eingeladen werden soll, daß eine Party stattfindet und daß der Neffe die Rasenmähmaschine betriebsunfähig gemäht hat. Und unter günstigen Umständen wird es ein voller Erfolg, wenn man sich, angetan mit einer überraschenden Neuerwerbung, vor ihm mit den Worten aufbaut: „Es war doch richtig, daß du mir neulich so zugeraten hast, dies Kleid zu kaufen, als ich dir davon erzählte!" Aber man muß sich in gewissen Grenzen halten: einen Smaragdring oder ein Reitpferd wird er voraussichtlich doch nicht schlucken!

Verwandte sind gar nicht so

Bei den meisten Leuten gilt es offenbar als unfein und spießig, Verwandte zu haben oder sie sogar gern zu mögen. Versuchen Sie es nur einmal: sagen Sie probeweise zu zehn verschiedenen Leuten: „Heute bekomme ich zum Kaffee Besuch von zwei Tanten…" Alle zehn werden so etwas antworten wie: „Sie Ärmste!" oder „Glücklicherweise bleiben alte Damen ja nie sehr lange…" oder „Na, dann haben Sie's erst mal wieder hinter sich…" Aber nicht einer wird sagen: „Wie nett!"

Es scheint so, als ob alle Leute entsetzliche Tanten hätten. Bösartige Exemplare mit spitzen Zungen, unendlich langweilige, die immer die gleichen Geschichten erzählen, oder solche, die überall herumspionieren und alles besser wissen. Und doch sind das dieselben Tanten – sie müssen es ja sein! –, die man als Kind um Groschen angebettelt hat, denen man herrliche Ferienwochen ungebundener Freiheit verdankt, die man angeschwärmt und nachgeahmt hat, die Fürsprache bei erzürnten Eltern einlegten und gefüllte Bonbons aus der Reisetasche zogen. Und die Onkel dazu, das waren eben ganz einfach die guten Onkel, die immer ein Auge zudrückten, die mit uns loszogen, um einen Hund zu kaufen, oder großartige Pläne machten für eine zukünftige gemeinsame Expedition nach Afrika. Halten Sie es wirklich für möglich, daß diese freundlichen Gefährten unserer Jugend sich inzwischen alle zu Scheusalen entwickelt haben?

Natürlich sind sie bei weitem nicht so herrlich, wie wir

als Kinder gedacht haben, weil sie eben auch nur Menschen sind. Aber daß sie wirklich Menschen sind, das sollte man ihnen doch nicht absprechen. Auch wenn man mit ihnen verwandt ist. Vielleicht macht man nur darum gern einen Bogen um sie, weil sie uns einfach zu gut kennen. In jeder Gesellschaft kann meine heute sehr respektable Kusine Annemarie traurig ihr Haupt schütteln über die fehlende Moral der heute Achtzehnjährigen – nur im Kreise der Verwandtschaft – da nimmt ihr das keiner ab. Da brechen bei solchen Äußerungen alle in schallendes Gelächter aus. Da tauchen wie Froschköpfe aus dem Teich eine Fülle von Namen auf, die allein schon wieherndes Gelächter auslösen. „Weißt du noch: Heinz – das war doch der, der immer ‚Droscherie‘ sagte“ – „Ja, und Leo, der zehn Kinder haben und siedeln wollte“ – und: „Wie war doch das mit Olaf, der zweimal durchs Examen gefallen ist?“ – oder „Wie hieß doch der Jüngling, der vor lauter altem Adel nicht heiraten konnte, wenn es ihm auch schier das Herz brach …?“ Kann man es Annemarie verdenken, wenn sie in solchen Augenblicken findet, daß Verwandte eben doch keine Menschen sind?

Leider zeichnen sich nämlich Verwandte durch ein fabelhaftes Gedächtnis aus. Jedenfalls für manche Dinge. Es ist etwa so: leere Weckgläser zurückzubringen – das können sie nicht im Kopf behalten, aber die Spitzfindigkeiten, die auf Onkel Friedrichs Hochzeit vor dreißig Jahren die neuangeheiratete Verwandtschaft von sich gab, die werden sie nie vergessen.

Im ersten Moment klingt das vielleicht furchtbar und abschreckend. Aber schaffen nicht gerade die Geschichten, die Gemeingut der ganzen Verwandtschaft sind, die besondere, unverwechselbare Atmosphäre einer großen Familie? Gibt es nicht immer Redewendungen und Ausdrücke, die nur den Familienmitgliedern verständlich und der Kummer der Angeheirateten sind? Aussprüche, die genau das treffen, was in der Umgangssprache mühsam umschrieben werden muß. Da lebte zum Beispiel im Haushalt meiner Urgroßmutter ein armes kleines Hausmädchen, das einen genauso armen Knecht ohne jede Aussteuer heiraten wollte. Auf den entsetzten Ausruf meiner Urgroßmutter: „Aber, Auguste, auf was willst du denn heiraten?" antwortete Auguste schlicht: „Auf Pfingsten!" Wo gibt es einen Ausdruck, der den gleichen Tatbestand so präzise wiederzugeben vermöchte, wie wenn einer in unserer Familie sagt: „Die heiraten auch auf Pfingsten!"

Da war zum Beispiel lange vor meiner Geburt eine Verlobte meines Onkels Karl mit Namen Martha. Sie hatte die Angewohnheit, beim Essen alle Schüsseln vor ihrem Teller stehenzulassen und nichts weiterzureichen, was von der großen um die Tafel versammelten Familie als äußerst störend empfunden wurde. Schon in der zweiten Generation werden bei uns die Kinder angehalten, sich nicht zu benehmen „wie Martha bei Tisch". Die Verlobung mit jener Dame wurde dann auch gelöst. Und als bald darauf Onkel Karl eine andere heiratete, intonierten die Tafelmusiker, die das Hochzeitsmenü verschönten, zufällig als erstes: „Martha, Martha, du entschwandest!" Sehr zum Gaudium der Eingeweihten. In jeder Familie gibt es eine Unmenge solcher Begebenheiten. Es ist nur ein Jammer, daß so viele schöne Geschichten verlorengehen, weil manche Leute für Tantenbesuche so gar nichts übrig haben. Sicherlich trägt es auch zur Abneigung gegenüber Onkel und Tanten bei, daß für sie, im Grund genommen, Neffen und Nichten nie erwachsen werden. Mein Onkel, der mir angesichts meiner hochaufhorchenden Nichten energisch zuruft „Sitz gerade!", ist bestimmt keine Ausnahme. Und sicherlich gibt es eine Unzahl inzwischen dreißigjähriger

Neffen, die sich kein Urteil etwa über Kaiser Wilhelm erlauben dürfen, weil man sie für zu grün hält.

Aber auch das hat sein Gutes. Denn wo anders als im Hause der Tante wird man heute noch gefragt: „Willst du ein Zuckerei?" Wer steckt einem drei Mark zu – als Fahrgeld? Man bekommt himmlische Butterbrote bestrichen für die Reise, und man wird ermahnt, ja nicht das Fenster zu weit zu öffnen, da man die empfindlichen Augen der Großtante Leni geerbt hat. „Weißt du, die, die in der Inflation alle ihre Häuser verkaufte, weil sie geglaubt hat, so viele Millionen bekäme sie nie wieder dafür…" Es ist durchaus möglich, daß in Gegenwart anderer Nichten gesagt wird, eine solche Finanztransaktion wie die der Tante Leni sähe auch mir ähnlich, da ich leider dafür bekannt bin, keine Nase fürs Geld zu haben. Wie denn überhaupt meine Neigung zu Unordnung und unpraktischen Handlungen in der Familie Stoff zu vielen Anekdoten gegeben hat, die ich für übertrieben halte und nicht gern höre. Mit der meiner Verwandtschaft eigenen Vorliebe für ein bißchen boshafte Witze ist mir in dieser Hinsicht schon einiges geboten worden. Aber auch ich – das muß ich gestehen – habe den lieben Verwandten schon Stiche versetzt, an die ich mit zwiespältigen Gefühlen zurückdenke: mit Reue und Stolz.

Trotz allem: es gibt nur ganz wenige Leute auf der Welt, bei denen ich unangemeldet mit Hund zum Frühstück erscheinen und den ganzen Tag bleiben kann. Diese ganz wenigen Leute sind fast alle mit mir verwandt. Und was das erstaunliche ist: sie freuen sich auch noch, wenn ich komme.

Auch Omas sind nicht mehr das, was sie früher waren!

Wenn ich so an meine Oma denke, so sehe ich sie in ihrem Stuhl am Fenster sitzen – angetan mit einem schwarzen Kleid mit weißem Jabot, allerdings ohne Häubchen, denn so lange ist das schließlich auch nicht her – und irgend etwas handarbeiten.

Außerdem war sie imstande, ihren kleinen Enkelkindern herrliche Geschichten zu erzählen und die größeren in allen Schwierigkeiten der Liebe und der Elternbehandlung zu beraten. Sie strickte Spitzen für die Aussteuer aller Enkeltöchter und Strümpfe für unsere Puppen, die sie sämtlich beim Namen kannte, genau wie später alle unsere Verehrer. Und wenn die schöne Ferienzeit hereinbrach, so wurden die Koffer gepackt und die Enkelkinder je nach Bedarf zu den Großeltern in Marsch gesetzt, wobei ich mich nicht an ein einziges Mal erinnere, wo es der Großmutter nicht gepaßt hätte. Ich weiß nicht, ob diese Invasionen sie nervös machten – natürlich riß ihr manchmal die Geduld, und sie schalt uns tüchtig aus –, auf jeden Fall aber war nie von Omas Nerven, die geschont werden müßten, die Rede. Ihre allerbeste Eigenschaft allerdings bestand darin, daß sie zuhören konnte und behielt, was man ihr erzählte – nicht nur daß sie alle Puppen und Verehrer mit Namen und Eigenheiten kannte –, sie wußte auch, wie der böse Biologielehrer hieß, was für Schulschwierigkeiten unsere besten Freundinnen hatten und welcher Filmschauspieler unserem Herzen gerade von ferne nahestand. Kurzum – sie lebte unser ganzes Kinder- und Jungmädchenleben mit.

Nun muß man allerdings sagen, daß sie sonst so recht gar nichts erlebte: Sie ging sehr selten aus, trug seit mindestens zwanzig Jahren die gleiche Mode, verreiste nie (außer alle Jubeljahre einmal zu ihren verschiedenen Kindern) – kurzum, sie hatte es nicht halb so gut wie die heutigen Omas, die so gar nicht mehr wie Omas ausschauen. Diese modernen Omas sind sicher dem Aussehen nach sehr viel jünger. Sie tragen ganz bestimmt nicht die Mode von vor zwanzig Jahren, sondern sind (etwa in den jüngst vergangenen Minizeiten) häufig vor nichts zurückgeschreckt. Sie bringen ihre Wohnungen auf den neuesten Stand, machen Gymnastik, bilden sich weiter, und wenn sie können, dann gehen sie auf schöne weite Reisen an irgendeinen Lago. Sie haben überhaupt sehr viel vor – zusammen mit anderen Omas und Opas, die auch nicht so aussehen wie Großeltern. So kommt es, daß sie absolut nicht ständig zur Verfügung stehen, wenn ihre Enkel oder deren Mütter das gern hätten. Ob die Oma zum Einhüten kommen kann, muß sorgfältig geklärt werden. Und wenn heutzutage nur noch so wenige Enkelkinder in den Ferien zu den Großeltern geschickt werden können, so liegt das nicht nur an den beengten Wohnverhältnissen, sondern auch daran, daß es der Oma gar nicht paßt, da sie im Juli selbst weg will, oder daß ihr das lebhafte Kind einfach zuviel wird.

Ich spreche hier übrigens nicht von jenen Großmüttern, die stets und ständig mit ihren Enkelkindern leben oder sogar eins von ihnen großziehen, weil die Mama arbeiten muß oder will, sondern von denen, die sich in einen kinderlosen Frieden und ein eigenes Leben zurückgezogen haben. Unter diesen gibt es – wie die Erfahrung zeigt – eine Unmenge, die sich schlicht weigern, auch einmal ihre

Enkelkinder zu sich zu nehmen, entweder weil sie nichts mehr von Babys verstehen oder genug Windeln in ihrem Leben gewaschen haben, weil sie nicht wissen, ob sie es ihrem Blutdruck zumuten können, weil sie fürchten, daß es den Opa nervös macht, und was dergleichen einleuchtende Gründe mehr sind. Übrigens sind diese Omas unter Umständen ganz verblüfft, wieso eigentlich ihre Enkelkinder später nicht mit rührender Zärtlichkeit an ihnen hängen, sondern unter Umständen – das heißt, wenn die Mutter sie nicht rechtzeitig daran erinnert – sogar den Geburtstag vergessen.

Aber auch die geliebten Großmütter werden wegen anderer Dinge geliebt als unsere dereinst: Sie gehen mit den Enkelkindern zum Schwimmen und fahren mit ihnen Auto, sie stricken keine Puppenstrümpfe mehr, sondern überraschen mit einem Frisier-Set für Puppen, sie erzählen keine Märchen und Geschichten, sondern erlauben den Kleinen, den Western im Fernsehen zu sehen, was zu Hause streng verboten ist, und statt der genau nach dem individuellen Geschmack eigens gekochten Marmelade gibt es viel öfter als früher bares Geld. Auch leben sie in genau der gleichen Welt wie ihre Enkel und nicht in der Welt von gestern, wie unsere geliebten Großmütter es taten.

Um übrigens Gerechtigkeit widerfahren zu lassen: Ich kenne eine Oma, die im letzten Sommer alle ihre fünf Enkelkinder zu Besuch hatte, wovon zwei Knaben im Zelt auf dem Rasen schliefen. Leider muß ich auch berichten, daß ihre Freundinnen, die gleichfalls alle Großmütter sind, sie geschlossen für verrückt erklärten. Aber ihre Enkelkinder waren begeistert!

Ja – sieht denn das wieder mal keiner?

Der Tatbestand ist etwa so: Auf dem Rasen liegt eine leere Plastiktüte – wie auch immer sie dort hingekommen sein mag. Man sieht es durch das Fenster und beschließt, hinauszugehen und sie in den Mülleimer zu werfen. Aber dann fällt einem ein, daß jeden Augenblick mehrere Familienmitglieder zum Essen nach Hause kommen und zwangsläufig an der Tüte vorbei müssen. Na, einer wird sich ja wohl bücken!? Leider muß gesagt werden, daß sich in der normalen Durchschnittsfamilie keiner nach der Tüte bücken wird. Schon viel, wenn das Auge des einen oder anderen auf sie fällt und der Gedanke ausgelöst wird: „Dies Ding könnte eigentlich auch mal jemand aufheben – das sieht ja zu scheußlich aus!" In der Regel wird so ein störender Gegenstand glatt übersehen. Über den Roller, der direkt im Weg liegt, steigen alle vorsichtig hinüber. Die neben den Mülleimer gefallene Waschpulververpackung wird mit passivem Ekel, das versehentlich draußen liegengebliebene naßgeregnete Kissen mit Bedauern betrachtet. Überhaupt, was den Regen anbetrifft: Wer, außer der Hausfrau, rast hinaus, um die trockene Wäsche von der Leine zu bergen und die Tischdecke vom Gartentisch, wer holt die liegengebliebene Jacke herein und den Puppenwagen? Es kann zwar sein, daß sich ein freundliches Familienmitglied mit dem Ruf „Ach, ja!" anschließt und sich hilfsbereit mit in den Wolkenbruch stürzt, aber aus eigener Initiative geschieht dies doch selten. Träumerisch stehen sie am Fenster und blicken in die herabrauschenden Fluten und auf den immer nasser werdenden Liegestuhl dort draußen. Ja, sieht denn das keiner? Offenbar nicht. Genauso, wie man etwa vorsichtig über eine auf den Boden gefallene Bananenschale hinwegsteigen kann, ohne sie zu erblicken, wie man einen überfüllten Aschenbecher zur Seite schieben kann, ohne ihn zu sehen, wie man den letzten Zucker aus der Zuckerdose in seine Tasse löffeln kann, ohne an das Nachfüllen zu denken, oder wie man einen Riesenschritt über einen von der Garderobe gefallenen Mantel machen kann, ohne ihn zu sehen. So jedenfalls wird es der unter Umständen gereizt fragenden Hausfrau erklärt, wenn sie wissen will, warum ihre Mitmenschen weder die Bananenschale noch den Mantel aufgehoben haben und warum sie weder den Aschenbecher geleert noch die Zuckerdose gefüllt haben. Es muß sich da um eine merkwürdige Möglichkeit der menschlichen Natur handeln, die jedenfalls dazu angetan ist, die Hausfrau permanent zu ärgern.

Aber auch die Natur der geplagten Hausfrau ist nicht ohne Komplikationen. Die Dame könnte ja sagen: „Nimm mal die Tüte vom Rasen!" oder „Heb doch den Mantel auf!" Und manchmal tut sie dies auch in mehr oder weniger gewinnendem Ton. Manchmal aber will sie leiden. Es bereitet ihr finstere Genugtuung, daß schließlich alles auf ihr lastet, und wenn sie mit dem vorwurfsvollen Ausruf: „Ja, sieht denn das wieder mal keiner!" mit dem Aschenbecher in die Küche oder mit den nassen Gartenkissen ins Haus stürzt, so hofft sie, beim Wiedereintritt eine moralisch schwer getroffene Schar vorzufinden. Leider täuscht sie sich. Der Vorwurf: „Du hättest schließlich nur einen Ton zu sagen brauchen!" wird ihr ganz ernsthaft gemacht, oder sie begegnet einem duldsamen Lächeln aller Angehörigen, die sich offenbar während ihrer kurzen Abwesenheit darüber einig geworden sind, daß die Hausfrau wegen schlechter Laune heute mit äußerster Vorsicht zu behandeln ist. Und wer hat das schon gern! Vor allem dann, wenn man überhaupt keine schlechte Laune hat, sondern nur nicht ausstehen kann, wenn überall etwas herumliegt. Und mit dem „Du hättest ja nur einen Ton zu sagen brauchen ..." hat es auch seine eigene Bewandtnis. Predigt man nicht seit Jahren, daß jeder, der eine Zeitung auf den Wohnzimmerteppich fallen läßt, sie auch wieder aufheben möge? Weist man nicht dauernd darauf hin, daß auch jemand anders den Gartenschlauch wieder aufrollen und die Tischtennissachen hineintragen könnte?! Das waren insgesamt ganz sicher eine Menge Töne ...

Im übrigen geht es natürlich nicht nur um den Gesichtssinn, der in vielen Familien bedenklich verkümmert – auch das Gehör läßt zuweilen zu wünschen übrig. Die Haustür kann klingeln – keiner hört es. Das durchdringende Geschrei des Kleinsten, der sein Pferd nicht die Treppe hinaufbringt, wird zunächst einmal ignoriert, und das unermüdliche Kratzen des Hundes, der entweder hinein oder hinaus will, nimmt auch niemand wahr. Und was den Geruchssinn betrifft – wer eilt zuerst in die Küche, wenn es dort angebrannt riecht, wer merkt, daß die Katze offenbar ihr Essen nicht vertragen hat? Immer die Hausfrau! Es ist wirklich zutiefst deprimierend. Nebenbei bemerkt: In unserem Vorgarten liegt seit zwei Tagen ein großer, schöner, bunter, allerdings vom Hund total zerbissener Gummiball. Ich bin mal gespannt, wie lange! Ganz sicher sieht ihn außer mir niemand.

Hoffentlich wirst du es nicht bereuen!

Für manche Menschen stellt sich das ganze Leben als eine Kette von drohenden Unglücksfällen, Enttäuschungen, Katastrophen und Gefahren dar. Sie sind ständig damit beschäftigt, sich gegen alle diese Schrecken zu schützen und zu bewahren und auf das Schlimmste gefaßt zu sein. Vorbeugende Arzneimittel, diebessichere Alarmanlagen, feuerfeste Kassetten und gleitsichere Schuhsohlen finden in ihnen Großabnehmer, und selbst freundliche Gaben des Schicksals, wie etwa das Erlangen eines erstrebenswerten Postens, die Erbschaft eines Hauses oder gar der Haupttreffer im Lotto, werden als Möglichkeiten kommender Schwierigkeiten gesehen. Bei dem einen wird ihnen die Arbeit über den Kopf wachsen, beim andern weiß ja jeder, was für Ärger so ein Haus machen kann, und was für traurige Schicksale Lottokönigen drohen, hat man ja oft und oft in der Zeitung gelesen.

Diese bedauernswerten Menschen haben nun die zweifellos edle, aber sehr lästige Eigenschaft, daß sie es nicht ertragen können, wie bedenkenlos und leichtfertig die übrige Menschheit dahinlebt. Es ist für sie einfach ungeheuerlich, daß jemand ohne Regenschirm ausgeht, seine Koffer nicht abschließt, selbstgesammelte Pilze ißt, als Ehepaar im gleichen Flugzeug fliegt und im Urlaub das Haus allein läßt. Infolgedessen müssen sie einfach hinter jemandem, der vergnügt und schick im neuen Kostüm das Haus verläßt, herrufen: „Gestern vor dem Wolkenbruch war es auch noch so schön …!" Sie müssen von der niederbayrischen Familie berichten, die samt Feriengast und Dienstmagd an Pilzen verschieden ist, sie müssen sich über das Los der Waisenkinder auslassen, deren Eltern auf der Flugstrecke bleiben, und Schilderungen darüber, wie fachkundige Kräfte Koffer und Häuser im Nu ausleeren, können sie bei passender Gelegenheit nicht bei sich behalten. Und wenn der warnende Bericht auch viel zu spät kommt, weil etwa der unabgeschlossene Koffer bereits unwiderruflich auf der Reise ist – so wäre es doch in den Augen dieser besorgten Menschen unverantwortlich, den leichtfertigen Besitzer nicht wenigstens jetzt noch in Angst und Schrecken zu versetzen. Auch die Mutter, deren erwachsene Kinder im Wintersport weilen, muß wissen, was für greuliche Unfälle sich schon beim Skilaufen ereignet haben; die Frau, deren Mann in Indien arbeitet, muß über einen anderen Mann, der sich dort eine böse Leberkrankheit geholt hat, genauestens unterrichtet werden, und der frisch operierte Blinddarm darf nicht im ungewissen darüber bleiben, daß die eigentliche Gefahr dieser Operation (nach Aussage ungenannt bleibender Fachleute) in der später einsetzenden Thrombose liegt, die schon manches blühende Leben dahingerafft hat.

Aber zumeist sind die so pechschwarz sehenden Mitmenschen nicht ganz ohne Hoffnung. Im Gegenteil, sie hoffen dauernd für die übrigen Menschen alles erdenklich Gute. Da stehen sie etwa vor dem Stubenwagen eines winzigen, sanft schlummernden rosa Babys und sagen: „Hoffentlich machst du deinen Eltern nie Kummer!" In einem Ton, daß man gewissermaßen den Kleinen schon bei Nacht und Nebel über einige Grenzen fliehen sieht, fort von einer traurigen Hinterlassenschaft ungedeckter Schecks, verkohlter Scheunen, illegitimer Kinder und erbrochener Safes. Oder sie hoffen, daß er seinem Onkel Fred nicht nachgerät, was fast noch schlimmere Visionen heraufbeschwört. Bei einem hartnäckigen Husten hoffen sie, daß es kein Lungenkrebs ist, und bei der Abfahrt zu einer Segelpartie hoffen sie in so inbrünstigem Ton, alle vollzählig und gesund heimkehren zu sehen, daß jeder ein halb vollgeschlagenes manövrierunfähiges Boot mit zerrissenen Segeln und stark dezimierter Mannschaft vor seinem inneren Auge auftauchen sieht. Vor allem hoffen sie ständig in fast drohendem Tone, daß man etwas nie bereuen möge. Das kann der Ankauf einer elektrischen Nähmaschine sein, eine Einladung an Tante Anni, der Entschluß, aufs Land zu ziehen, oder auch eine Ehe. Nun gibt es ganz sicher im Leben jedes Menschen Augenblicke, wo er etwas bereut – Tante Anni hat drei Nachthemden mitgebracht, und wir hatten angenommen, sie würde am Montag wieder abreisen; die Ehe erweist sich nach einem Vierteljahr nicht als eine Aneinanderreihung von lauter Honigmonden, und auf dem Lande will nur im Sommer jemand auf Besuch kommen. Das sind dann die schönsten Momente im Leben der Schwarzseher, denn sie haben es gleich gewußt und auch gesagt, und auf sie wollte ja damals keiner hören! Für jeden vom Schicksal Geschlagenen ist es eine weitere Plage, zu hören, daß jemand anders es gleich gewußt, geahnt oder kommen sehen hat. So geschieht es, daß die Armen, die doch so sehr um das Wohl der Mitmenschen besorgt sind, gerade in den Augenblicken ihrer Triumphe unversehens grobe Unfreundlichkeiten an den Kopf geworfen kriegen. Und das bringt sie dann wieder zu den düstersten Prognosen über die Undankbarkeit und Schlechtigkeit der Menschen.

Hast du dich aber verändert!

Kindern hängt es mit Recht zum Halse heraus: Immer, wenn Freunde oder Verwandte der Eltern sie nach einiger Zeit wiedersehen, stellen sie fest: „Du bist aber groß geworden!" Zuweilen berührt man damit sogar, ohne es zu wissen, einen wunden Punkt, wenn nämlich die Betreffende ohnehin von Angst gepackt ist, allen Tanzstundenherren über den Kopf zu wachsen, oder der Betreffende unter der dummen Frage: „Wie ist denn die Luft dort oben?" ständig zu leiden hat. Aber auch in allen anderen Fällen finden Kinder und Heranwachsende es höchst unoriginell, immer wieder zu hören, daß sie „aber" gewachsen sind – schließlich wäre es ja sehr beängstigend, wenn das nicht zuträfe. Und auch die zumeist angeschlossene Bemerkung: „Daran sieht man so richtig, wie die Zeit vergeht!" hören sie zu oft, um sie noch eindrucksvoll zu finden.

Zur Verteidigung der Erwachsenen muß allerdings angeführt werden, daß es einen immer wieder überrascht, wenn ein Kind, das vor gar nicht so langer Zeit ständig unser neues Frühjahrskostüm mit seinem Dauerlutscher bedrohte, jetzt vom Judo-Unterricht kommt; wenn der Knabe, der noch vor kurzem bittere Tränen vergoß, weil man ihn nicht ins Kino einließ, jetzt im Schmuck eines Rauschebartes prangt und wenn das Mädchen, das immer die Gläser nicht ohne Zuhilfenahme des Küchenstuhls ins oberste Fach stellen konnte, jetzt auf einen herabsieht. Dies alles umfaßt die Bemerkung: „Du bist aber groß geworden!" Und sie umfaßt auch noch anderes wie: „Meine

Güte, das Kind hat ja schon einen Busen gekriegt!" oder: „Jetzt, wo die Stupsnase weg ist, merkt man, daß sie leider auch den Familienhaken geerbt hat" oder: „Ganz schön massig ist er geworden, wie der Alte" oder: „Hoffentlich wachsen die Füße jetzt nicht im gleichen Tempo weiter."

Eine so allumfassende Bemerkung steht einem bei Erwachsenen, die man nach längerer Zeit wiedersieht, leider nicht zur Verfügung, denn den Ausruf: „Du hast dich aber verändert!" muß man natürlich gleich begründen. Manchmal tut man es gern, da die Veränderung durchaus zum Positiven gereicht. Da hat sich ein über Gebühr lange gehaltenes, etwas pausbäckiges Jungengesicht endlich jenseits der zwanziger Jahre in ein gutgeschnittenes Männergesicht verwandelt. Da hat jemand – unter welchem Einfluß auch immer – die lange notwendige Entdeckung gemacht, daß erhabene Gleichgültigkeit gegen alles Äußere doch nicht das Allerschönste ist und Friseure und Kosmetikerinnen nützliche Menschen sind. Aus einem unscheinbaren Pummelchen ist eine höchst bemerkenswerte, elegante Erscheinung geworden, und der Entschluß, nach langen Jahren endlich auf die allzu helle Blondierung zu verzichten, steht einer lange nicht gesehenen alten Freundin wohl an. Zuweilen muß man übrigens auch lange überlegen, bis man den Grund herausfindet, wieso die lange nicht Gesehenen plötzlich irgendwie anders aussehen. Manchmal kommt man darauf: Es ist der Bart, der neu dazugekommen ist oder fehlt, die Haarfarbe ist anders, ein im ganzen ordentlicher und gepflegter Eindruck ist da, den man früher nicht so recht hatte, Koteletten sprießen an den Wangen, oder die früher nicht sehr repräsentativen Zähne sind durch die Kunst eines Zahnarztes jetzt wundervoll gerade und gleichmäßig. Obwohl alle diese Veränderungen Mitmenschen verschönern, kann man sie doch nicht in allen Fällen hervorheben und preisen, und man muß schon sehr lange und gut mit jemandem befreundet sein, ehe man ihn begeistert fragen kann: „Was haben diese fabelhaften Jacketkronen gekostet?"

Leider verändert sich der Erwachsene aber nicht immer zu seinem Vorteil, und deshalb ist man manchmal ganz erschüttert, wenn man unversehens alten Bekannten gegenübersteht. Es ist schwer, in einem beleibten Herrn mittlerer Jahre jenen Jüngling wiederzuerkennen, der einst grundsätzlich alle Gartentore überflankte. Und die Blondine im strammen Korsett hinter dem Kuchenbüfett identifiziert man erst nach tastenden Gesprächen als jene flotte Maid auf dem Motorrad, bei der alle Männer der Straße, in der wir damals wohnten, anerkennend pfiffen, wenn sie vorüberbrauste. Ein früher wirklich todschickes junges Mädchen trifft man nach dreijähriger Ehe mit einem geizigen jungen Mann in solchen Hosen und einem solchen Pullover an, daß wirklich nur ein grausamer Mensch imstande wäre zu sagen: „Du hast dich aber verändert!" Und genau dies ist auch der Fall bei Leuten, die ganz einfach alt geworden sind oder bei denen die Stirn im Laufe der Jahre immer höher und höher geworden ist. Ich bin schon mal einem alten Freund begegnet, der hatte plötzlich wieder Haare, und zwar vollere als je zuvor. Das verschlägt einem im ersten Augenblick die Sprache, ebenso wie der Umstand, daß jemand, den man blond gekannt hat, plötzlich im höheren Alter kastanienbraune Haare hat. Bei Frauen ist man das ja gewöhnt, aber bei Herren erstaunt einen das immer noch.

Als ich übrigens nichts darüber sagte, daß die Frau eines Bekannten, den ich nach langer Zeit wiedersah, viel hübscher und frischer aussah als vor Jahren, war ich auch gut beraten. Hinterher stellte sich nämlich heraus, daß es gar nicht seine Frau war. Die traf ich kurz danach – nahezu unverändert.

Sieht der nicht genauso aus wie Dr. Schweitzer?

Es gibt Vergnügungen und Zerstreuungen von hohem Wert wie beispielsweise: ins Konzert gehen, die neue Faust-inszenierung ansehen, im Museum vor den Schätzen des Mittelalters verharren, wertvolle Bücher lesen, die Schön-heiten des Schwarzwaldes wandernd erschließen oder das Meer bei Sonnenuntergang mit Wasserfarben malen. Da-neben gibt es aber auch noch welche von der weniger edlen Art: Sachertorte essen gehen, Skat spielen, Witze erzählen, Läden anschauen, Schuhe kaufen, über andere Leute klat-schen oder sich vom Fernsehen einen Krimi servieren las-sen. Unbestreitbar in die zweite Kategorie gehört es auch, Leute zu begucken. Da sitzt man also mit einem geeigne-ten Mitmenschen – denn allein macht Leutebegucken überhaupt keinen Spaß – in der Hotelhalle, an der Kur-promenade, im Straßencafé, an der Tanzfläche oder an ei-nem geeigneten Platz des Ortes, in dem sich gerade vorzugsweise die große Welt aufhält, und tauscht Beob-achtungen aus. Dort ist eine wunderschöne junge Dame, die sichtlich mit ihrem viel weniger wunderschönen und jungen Partner Streit hat, da eine Familie, wo die Mutter offenbar allen Mitgliedern selbst die Kopfbedeckungen gehäkelt hat. Ein Freundinnenpaar weckt in den Betrach-tern die eine alte Frage auf, wo eigentlich kurzbeinige Frauen immer noch zu kurze lange Hosen finden, und zwei Freunde provozieren die andere, ob sie wohl unter die gutaussehenden Männer zu rechnen sind oder ob ein himmelblaues Wildlederhemd und eine gestickte Hose af-fig sind. Die Dame auf der Tanzfläche hat sicher, seitdem sie dieses Kleid zum letztenmal trug, ein paar Pfund zugenommen, und der dunkle Herr, der seine Wange so zärtlich an die seiner Partnerin legt, blinzelt an ihr vorbei immer einer anderen zu. Und am Treffpunkt der großen Welt kann man nicht nur die große Welt in ihrer herrlichen Kleidung bewundern – die eigentlich genau die gleiche ist, die andere gut gekleidete Leute tragen, nur eben besser sitzend und teurer aussehend –, sondern auch jene Welt, die mal eben einen Ausflug hierher gemacht hat: Mutter im allerbesten Hosenanzug mit Brokateffekt, Vater mit Kapitänsmütze und sichtlicher Verbitterung über die Bier- und Speisepreise und ein grenzenlos gelangweilter und knatschiger Sprößling.

Manchmal ist es gut, daß die Leute fleißig auf und ab wandern oder mehrmals vorbeitanzen – nur so hat der Begleiter beim Leutebegucken die Möglichkeit, die Inschrift auf dem sehr strammen Pullover endgültig zu entziffern, und nur dabei kann die Frage einwandfrei geklärt werden, ob die vorbeiwandelnden Hosen gepreßter Samt oder Breitschwanz sind. Auch kann man besser feststellen, ob der eigenartige Gang und die gequälten Züge seelisches Leid oder drückende Schuhe zur Ursache haben. Erst recht kann ein einwandfreies Urteil darüber, ob hier eben ein todschickes Mädchen oder ein fabelhaft aussehender Mann vorbeigegangen ist, höchstens beim zweiten Durchgang gefällt werden. Gerade hierbei gibt es schwerste Bedenken.

Außerdem muß man natürlich seiner Begleitung noch einmal den Mann zeigen, der genauso aussieht wie Herr Timm. Und daß das wundervolle Mädchen in zehn Jahren anzusehen sein wird wie Schwester Annemarie, kann auch nicht gleich hingenommen werden – wie jeder zugeben muß, der Schwester Annemarie kennt. Aber Herr Timm, der einst unser Hausmeister war und ständig Kinder vom

Rasen jagte, scheint tatsächlich in etwas verjüngter Form in altrosa Kordjeans mit passendem Pullover hier wiederaufgetaucht zu sein. Und fließend französisch spricht er auch! Man sieht auch die niedliche Tochter von Großmutters Putzfrau – eigentlich mußte sie jetzt um die Vierzig sein –, mehrere Cousinen zweiten Grades und die besonders schicke Hemdbluse einer weniger geschätzten Bekannten nicht ohne Vergnügen gleich dreimal. Von den Damen, die sie tragen, sieht eine genau wie Frau Schepermaier aus. Frau Schepermaier war die Selterswasserbudenfrau unserer Kindheit und bevorzugte damals schon den Zigeuner-Look. Und der Pennbruder, der mit dem Hute in der Hand sich die Straße entlangbettelt, erinnert auf wahrhaft umwerfende Art an Albert Schweitzer. Es ist überhaupt erstaunlich, wie viele Leute aussehen wie andere Leute. Und oft ist es ein vernichtendes Urteil, wenn man auf die Bemerkung, da oder dort ginge eine wirklich gut aussehende Persönlichkeit vorbei, nur den Hinweis bekommt: „Der (oder die) sieht aber doch genauso aus wie …“ Man kann sich dagegen nur wehren, indem man die nächste Attraktion mit noch schlimmeren Vergleichen bedenkt. Oft ist man sich aber auch restlos einig, und das erhöht den Genuß des Leutebeguckens sehr. Aber auch umgekehrt kann man die Gefühle des anderen treffen: Ruft man etwa angesichts einer alles andere als sympathisch wirkenden Persönlichkeit: „Guck mal da! Haargenau wie dein Karl-Heinz!“, so ist dies einer gezielten Beleidigung gleichzusetzen.

Nebenbei bemerkt, trifft man nie Menschen – auch im allerdichtesten und zusammengewürfeltsten Gedränge nicht –, die so aussehen wie man selbst. Und es ist einem auch gar nicht recht, wenn man erzählt bekommt, daß andere Leute jemanden getroffen haben, der so aussieht. Das wäre ja wohl noch schöner!

Es geht nicht ohne Reisebekanntschaften

Mit unseren Ferien wurde früher kein unerhörter Luxus getrieben: man setzte meine Schwester und mich auf die Eisenbahn mit einem Koffer frischgebügelter Kleider und einer ledernen Umhängetasche voll Butterbroten und gekochten Eiern und schärfte uns ein, erst am Bestimmungsbahnhof, wo unsere Verwandten wohnen, auszusteigen, nur den Schaffner zu fragen, das Taschentuch bei Bedarf zu benutzen und nicht an den Türen zu spielen. Zur Unterhaltung bekamen wir jeder einen Zettel, auf dem die Stationen aufgeschrieben waren, und einen Bleistift, um die bereits passierten durchzustreichen. Auf den Broten stand übrigens immer außen notiert, womit sie belegt waren, nur auf denen, die zu den Eiern gegessen werden sollten, war eine große Null aufgemalt. Es war sehr mühsam, sie bis zum Bestimmungsbahnhof ebenfalls aufzuessen – aber wir waren eben gehorsame Kinder. Auch sonst waren diese Reisen nicht ohne Plage, denn die acht Stunden dehnten sich endlos dahin. Außerdem waren wir unseren erwachsenen Mitreisenden rettungslos ausgeliefert. Finster an unseren Nullbroten kauend, mußten wir anhören, wie sie sich untereinander über die Verantwortungslosigkeit unserer Eltern aufhielten und uns arme Kleinen bedauerten. Wir wurden ununterbrochen ermahnt, nicht zu viel zu essen und nicht zu wenig zu essen, nicht aus dem Fenster zu fallen und eine Stunde vor Ankunft den Mantel anzuziehen. Wir mußten Auskunft über unsere Schulzeugnisse und den Vermögensstand unserer Eltern und der uns erwartenden Verwandten geben und bekamen langweilige Geschichten von fremden Kindern erzählt, die manierlicher aßen, freundlicher antworteten, nicht am Aschenbecher klapperten und ganz gewiß nie allein auf so weite Reisen geschickt wurden. Kann man es uns verdenken, daß wir Reisebekanntschaften von Herzen haßten? Jedenfalls erdachten wir aus Notwehr eine Lebensgeschichte, die aus uns arme Waisenkinder auf dem Wege nach Amerika machte. Die nötige Sachkenntnis hatten wir aus „Abenteuer eines deutschen Knaben in Amerika" bezogen, was zwar nicht mehr ganz up to date, aber sonst sehr brauchbar war. Dieses unser hartes Schicksal brachte so viel Apfelsinen und Plätzchen ein, daß wir befürchteten, zur Strafe würden unsere Eltern wirklich sterben.

Es soll auch nette Reisebekanntschaften geben. Ich habe aber eigentlich, bei Lichte besehen, noch keine wirklich nette getroffen. Das letzte Mal geschah es mir, daß ein Mensch, der von Köln bis Bremen sehr reizend zu sein schien, ab Bremen immer gräßlicher wurde, was sich bis Hamburg steigerte. Es gab, wie immer im Zug, kein Entrinnen. Schließlich habe ich mich mit ihm zu einem Reeperbahnbummel verabredet, worauf er dringend bestand. Leider, leider gab ich ihm versehentlich statt meiner Adresse die Anschrift einer Dame, der ich seit langem gram bin. Wie schade, daß ich nie erfahren werde, wie das Gespräch der beiden sich abgespielt hat. Ich hoffe, beide Teile haben sich sehr geärgert. Allen Reisebekanntschaften haftet es an, daß man für Stunden gewissermaßen zusammengesperrt ist, unter Umständen alles mögliche voneinander erfährt und sich dann nie wieder sieht. Wie es wohl jener aufgeregten Dame ergangen ist, die des Nachts von Köln nach München fuhr, um im letzten Augenblick die Heirat ihres Sohnes mit einem „richtigen Flittchen" zu verhindern? Und ob der junge Mann, der nach Höchst reiste, um dort einen leitenden Posten in der Geschäftsleitung zu übernehmen, nicht vielleicht doch nur einen weniger leitenden Posten bekommen hat? Und das junge Mädchen, das von Kalscheuren bis Geroldstein weinte?

Manche Reisebekanntschaften sind rein negativer Art. Es gibt immer Menschen, die auf die Barrikaden steigen, weil man das Fenster auf- oder zugemacht oder sonstige Untaten verübt hat, über die man sich auch gelassen unterhalten könnte. Einmal habe ich Apfelsinenschalen in den Aschenbecher getan, woraufhin ein Mitreisender die Bahnpolizei alarmieren wollte. Für die anderen im Abteil muß es sehr komisch gewesen sein, wie überhaupt auf langweiligen Bahnfahrten Streitigkeiten zwischen Mitreisenden eine hervorragende Unterhaltung sind, sofern sie einen nicht selbst betreffen und man nicht bindende Aussagen darüber machen soll, ob der eine Herr zuerst seine Zeitung auf den Sitz oder der andere seine Aktentasche in das Gepäcknetz des freien Platzes deponiert hatte.

Ein Anknüpfungspunkt für Reisebekanntschaften ist der Speisewagen, da es schwierig ist, Aug in Auge mit einem Gegenüber auf sein Omelett mit Pfifferlingen zu warten, ohne vor dem Omelett als Beginn einer Unterhaltung die Frage serviert zu bekommen, ob man nicht auch findet, daß es lange dauert. Weiterhin folgt etwa, daß es auf dieser Strecke besonders lange dauert, wohingegen im Balkanexpreß ... Kennen Sie die Strecke? So erfährt man, daß Reisen bildet, und ist froh, wenn man endlich wieder in seinem Abteil sitzt.

Wenn ich übrigens vorhin behauptet habe, ich hätte noch keine wirklich nette Reisebekanntschaft gemacht, so möchte ich davon ausdrücklich jenen Marmeladenfabrikanten ausnehmen, der völlig ohne finstere Nebenabsichten einst hungrigen jungen Studentinnen im Jahre 1944 mehrere Gläser Marmelade schenkte. Möge ihm immer angenehme Reisegesellschaft beschieden sein!

„Die Tante sieht aber bescheuert aus!"

Ich möchte mich hier nicht auf Diskussionen einlassen darüber, ob denn wohl die antiautoritäre Erziehung positiv zu bewerten sei oder nicht – das ist ein viel zu weites Schlachtfeld. Ich möchte nur darüber reden, was man angesichts dieser Kleinen unter Umständen erleben kann. Man darf da nicht etwa kleinlich sein. Äußert sich zum Beispiel ein niedlich anzuschauender Sechsjähriger: „Die Tante sieht aber bescheuert aus!", so soll man sich auch dann über diese unverdorbene Offenheit freuen, wenn es einen selbst trifft. Und wenn man nach langjähriger Pause eine liebe alte Freundin wiedersieht und sich liebend gern mit ihr unterhalten möchte, so schadet es gar nichts, wenn statt dessen die kleine Tochter die Unterhaltung führt – ein lebhaftes und nicht verschüchtertes Kind sollte schließlich für jeden Betrachter eine reine Wonne sein. Auch muß man wissen, daß viele Freiheiten zur seelischen Entwicklung notwendig sind, zum Beispiel: Blumen ausreißen, Pudding auf die Erde werfen, Babys aufwecken, Streichhölzer anzünden, Mehltüten ausschütten, Omas die Zunge herausstrecken, Zigarren aufdröseln und immerzu böse Wörter sagen. Hätte man uns als Kinder auch dies alles tun lassen – was hätte aus uns werden können! So aber bleibt uns nichts anderes übrig, als neidvoll einer heranwachsenden Generation zuzusehen, die an die Wände malen und zu ihren Vätern „Du Doofer" sagen darf.

So wäre theoretisch alles in Ordnung. Praktisch aber geraten wir bei allem Wohlwollen in einen echten Zwiespalt, wenn die Kinder nicht etwa in Wald und Flur oder im Garten ihrer Eltern Blumen ausreißen, sondern wenn sie mit echtem Sinn für alles Schöne unsere eigenen Gladiolen ausersehen haben, wenn sie unser soeben eingeschlafenes Baby wecken und wenn es unser Teppich ist, auf dem sie demonstrieren, daß das Essen, zu dem wir sie eingeladen haben, nicht ihrem Geschmack entspricht. Je nach dem Verhältnis, in dem wir zu den Eltern stehen, gerät das gastfreundliche Lächeln, mit dem man „Das macht doch nichts" zu sagen pflegt, mehr oder weniger säuerlich, und wenn wir uns ganz besonders gut mit den Eltern stehen, lächeln wir überhaupt nicht mehr.

Nach der Theorie entwickelt sich das ohne Zwänge aufwachsende Kind von selbst zu einem sozialen Wesen. Wie man überall beobachten kann, hoffen die Eltern oft, daß diese Entwicklung etwa bei einem Besuch bei den Großeltern sichtbar wird. Aber hier in dieser Umgebung, wo die autoritär erzogenen Eltern nur allzu gut wissen, was alles ein Sakrileg ist, kommen ihnen leise Zweifel daran, ob es nicht vielleicht doch besser wäre, wenn Klein Oliver wenigstens heute einmal nicht mit Schuhen von den Sesseln zum Sofa überstiege.

Es gibt übrigens erstaunlicherweise eine ganze Menge Großeltern, die mit leichtem Amüsement dem Treiben ihrer freiheitlich erzogenen Enkel zuschauen – offenbar in dem schönen Gefühl, daß hier ihre Verantwortung aufhört und daß die Kleinen, abgesehen davon, sehr liebe Kinder sind. Unter Umständen ist natürlich auch ein bißchen Schadenfreude dabei, dann etwa, wenn die Schwiegertochter, „die schon immer alles besser wußte" und die am Abend eines Besuches bei den Eltern von ihren eigenen Kindern bereits total entnervt worden ist, noch einen Riesenaufbruchskampf zu bestehen hat, weil die Kinder beschlossen haben, Omas alten Kater mit nach Hause zu nehmen. „Nehmt ihn nur ruhig mit, wenn die Kleinen es so gern wollen – das kannst du ihnen doch nicht abschlagen!" Dies ist nicht der Ausspruch einer gütigen Oma, sondern der einer heimzahlenden Schwiegermutter, und wenn die geplagte Mutter ihre Kinder in diesem Augenblick unter Gewalt ins Auto packt, so darf ihr das niemand verdenken. Kein Prinzip kann immer voll durchgehalten werden.

Manchmal ist das auch sehr mühsam: Ich erinnere mich an den Vater eines Dreijährigen, der seinem Sohn unermüdlich Streichhölzer, Kerzen und Zigaretten ansteckte, weil der Junge trotz aller Appelle an seine Einsicht und aller Erklärungen der Nutzlosigkeit und Gefährlichkeit dieses Tuns in entsetzliches Gebrüll ausbrach, sobald der Vater Miene machte, damit aufzuhören. Er brauchte das Gezündel offenbar, und wer weiß, welchen Schaden er erlitten hätte, wenn man seinen Bedürfnissen nicht Rechnung getragen hätte? Als er aber beim zufälligen Anblick des Wagenhebers mit erstaunlichem Erinnerungsvermögen für alles Technische darauf bestand, sein Vater möge wieder einmal die Reifen wechseln, weigerte sich dieser trotz herzzerreißenden Geschreis des enttäuschten Kindes hartnäckig, auch diesem Wunsch nachzukommen. Ich fürchte einzig und allein aus dem Grunde, weil es ihm zu anstrengend war! Auch in diesem Falle redeten sowohl Oma wie Opa dem jungen Vater zu, doch ja den Bedürfnissen des Kindes Rechnung zu tragen.

Da die freiheitlich erzogenen Kinder außer kaltem Wasser, bösen Hunden, dunklen Kellern und Fernsehschurken weder Tod noch Teufel fürchten, ist es besser, sich nicht mit ihnen anzulegen. Schon im zarten Alter von fünf Jahren wissen sie haargenau, daß wir ganz machtlos sind, wenn sie uns etwa bespucken oder mit Steinchen schmeißen. Doch manchmal erlebt man Überraschungen: Es gibt auch welche, die freundlich „guten Tag" sagen.

Wenn die Kleinen affig werden

Jeder, der mit Kindern zu tun hat, weiß, daß sich die lieben Kleinen zuweilen auf eine sehr enervierende Art affektiert geben können: Sie sprechen plötzlich ganz unnatürlich wie das Werbefernsehen, sie fahren sich durch die Haare und zucken mit einer Achsel wie der etwas ältere Knabe von nebenan, oder sie sagen im gleichen ersterbenden Tonfall wie Tante Mimi: „Heute fühle ich mich aber gar nicht wohl, es muß wohl am Wetter liegen!" Außerdem beginnen manche Mädchen mit knapp zwölf Jahren sich in den kaum vorhandenen Hüften zu wiegen, und die Jungen betreten das heimische Wohnzimmer mit dem Daumen im Gürtel und mit dem gekonnten Schreiten der Westernhelden. Na ja, und Lippenstifte, Wimperntusche sowie eine Menge (selbst in den Ohren liebender Angehöriger) altklug klingender Redensarten kommen wohl auch vor. Man kann sich damit abfinden – man kann aber auch etwas dagegen tun. Und ich weiß jetzt nach längerem Nachdenken auch, was. Man muß sein Kind nur einen Star werden lassen. Es ist ganz gleich, ob es singt, tanzt oder spielt, nur ein Star sollte es werden. Die Leute nämlich, die da annehmen, ein kleiner Star, der sich laufend produzieren muß, Beifall bekommt, in der Welt herumreist, ständig mit Erwachsenen zu tun hat, viel Geld verdient und unter Umständen hart arbeiten muß, würde dadurch vielleicht frühreif oder affektiert oder unausstehlich oder altklug – diese Leute befinden sich in einem schweren Irrtum. Ich habe schon viele Berichte über kleine Stars gele-

sen und weiß deswegen ganz genau: Alle, alle sind so natürlich und kindlich und unverdorben, daß man ganz
neidisch werden könnte. Es steht zwar immer geschrieben,
sie wären „ein Kind wie jedes andere ...“, aber das ist weit
untertrieben: Sie sind noch viel natürlicher und kindlicher
und unverdorbener als andere Kinder gleichen Alters.
Selbstverständlich spielen die kleinen Mädchen mit Puppen, wo andere kleine Mädchen zum Kummer ihrer Mütter Puppen schon doof finden. Und kleine Jungen sind
immer noch allzeit fröhliche Lausbuben mit einem Lieb-
lingsteddybären, wenn anderer Leute gewöhnliche Kinder
schon den Flegeljahren mächtig nahe kommen. Die Fröh-
lichkeit bleibt auch ungebrochen, wenn sie Abend für
Abend ziemlich spät in immer andere Betten kommen.
Und, was das erstaunlichste ist: Neben all dem Kinder-
starsein lernen die noch fleißig für die Schule, viel fleißiger
als die Kinder, die doch viel mehr Zeit dazu hätten. Das
jedenfalls habe ich immer wieder gelesen.

Sie sehen auch so lieb und niedlich aus. Oft zwar ein bißchen pummeliger, als ein moderner Kinderarzt gutheißen
würde, aber das macht sich so kindlich und spricht viel
mehr an als die dünnen Arme, die knochigen Knie und
die großen Füße, die Kinder sonst in dem Alter, wo immer
abwechselnd etwas an ihnen wächst, haben. Und die
Haare! Gerade in der richtigen Länge, wunderhübsch
glänzend gestriegelt, und die Mädchen in bezaubernden
Locken und sogar mit Haarschleifchen, wo wir doch alle
wissen, daß es unmöglich wäre, die eigenen Töchter mit
solchen entzückenden Löckchen und Schleifchen auch nur
einen Schritt vor die Tür, geschweige denn unter irgendwelche Leute zu bringen. Viele finden sich ja schon in einem ganz normalen Faltenrock im Gegensatz zu den geliebten Jeans „bescheuert“ aussehend und kämpfen
dagegen, in diesem diskriminierenden Aufzug in die

Schule gehen zu müssen. Für die Mütter von Jungen hingegen wäre es himmlisch, einen dieser niedlichen Knaben ihr eigen zu nennen, denen nie, aber auch wirklich nie das Hemd hinten aus der Hose heraushängt. Wie wir alle wissen, gibt es nämlich unzählige Mütter, die schon fast automatisch jedesmal, wenn sie ihrem Sprößling begegnen, diesem erst mal alles hinten in die Hose stopfen, was dort nach der allgemein üblichen Anzugsordnung hineingehört. Sogar wenn sie sich schmutzig machen, sind die kleinen Stars gewöhnlichen Kindern noch überlegen: Sie bringen es fertig, süß und drollig auszusehen, während die anderen leider eher schmuddelig und ungepflegt wirken.

Damit aber hier auch einmal etwas zugunsten der Kinder gesagt wird, die bedauerlicherweise keine Stars sind, möchte ich bemerken, daß sie in einem Punkt dann doch überlegen sind: Sie reden nicht mehr alle Leute mit „Onkel" und „Tante" an, in einem Alter, wo sie bereits in der Schule Englisch und Latein lernen müssen. Und der so oft in Berichten zitierte „Onkel Regisseur" wäre bei ihnen entweder ein Herr X oder ein Onkel Willi, Karl oder Peter.

Außerdem sind diese Überlegungen ja sowieso müßig. Zunächst einmal mangelt es vielen Kindern an jenen Talenten, über die die kleinen Stars offenbar in reichem Maße verfügen. Und obwohl der Wunsch, ein Star zu sein, unter den Kleinen sehr verbreitet ist, hat der Gedanke, etwas über die Mutti zu singen oder über die Zahnpasta zu rufen, wenn die ganze Klasse am Bildschirm sitzen könnte, etwas Abschreckendes an sich. Da wäre man schon lieber einer der kleinen fabelhaften Westernhelden – doch die haben so kurze Haare. Und für die kleinen Mädchen ist die Sache ohnehin gestorben, wenn sie schaudernd daran denken, daß ihre besten Freundinnen sie in dem „affigen" Aufzug sähen, den weibliche Kinderstars nun einmal sehr oft anhaben!

Was findet meine Tochter bloß an dem?

Annette, mein Patenkind, ein fröhlicher Teenager mit langen Beinen und goldenem Herzen, wollte neulich ihrer kranken Oma eine besondere Freude machen, als sie ihr ans Krankenhausbett ihren jüngsten Verehrer mitbrachte. „Denn", so sagte sie sich wohl, „womit kann ich der lieben Oma größere Freude bereiten als mit diesem eindrucksvollen jungen Mann, um den mich die halbe Klasse beneidet?" Aber obwohl der junge Vertreter der Protestgeneration einen braven Diener machte, Blümchen überreichte und auch nichts Unziemliches äußerte, ergriff gleich nach dem Ende des Besuches die Oma das Telefon und stellte, ganz wie vor zwanzig Jahren, ihre Tochter zur Rede: Warum sie da nicht eingriffe? Denn dies, so meinte die Oma, deren Fieber wieder stieg, sei doch ein Gorilla! Nun haben zwar Gorillas, genaugenommen, weder einen Apostelbart noch Dürerlocken, aber irgendwie muß ein solcher Gesamteindruck entstanden sein, da sich der Jüngling natürlich sehr fremdartig von den schmucken Leutnants und den dezenten Rechtskandidaten aus Omas Jugend abhob. Aber obwohl auch die Verehrer der Mutter ganz anders aussahen („Müßte dein junger Mann sich nicht die Haare schneiden lassen – sie reichen ja fast bis an den Kragen?" pflegte sie damals gefragt zu werden), sieht sie diese Bekanntschaft ihrer Tochter mit größerer Gelassenheit. Zwar sähe sie einen unbärtigen und weniger langlockigen Verehrer auch lieber – aber man ist ja schließlich modern, und wenn man schon Vorurteile hat, so tut man wenigstens so, als hätte man sie nicht. Besonders, da man ja aus unerfindlichen Gründen rückständig, autoritär und undemokratisch ist, wenn man lange Haare nicht hübsch findet. So sieht die moderne Mutter, rein äußerlich gesehen, die merkwürdigsten Typen ins Haus kommen. Doch sie stellt erleichtert fest, daß es sich zumeist um liebe, wohlerzogene Jungen handelt, die erzählen, daß ihre Mutter es nicht gern sieht, wenn sie nicht pünktlich zum Essen kommen, und die obendrein geschickt mit Hammer und Schraubenschlüssel umgehen. Es gibt natürlich auch ganz andere Jünglinge: sehr elegante mit künstlerisch geschlungenem Halstuch; hochintellektuelle, die da annehmen, ein Gespräch, das über das Wetter hinausginge, überstiege den Horizont der älteren Generation; Techniker, die für alle Autofragen zuständig sind, und Muttersöhne, die in einer Beatband singen. Dann gibt es welche, die man nie zu Gesicht bekommt, weil sie offenbar elternscheu sind, und welche, die wie ein zutrauliches Kind im Hause weilen. Manche haben immer gerade gegessen, und manche essen wie die Scheunendrescher. Kurzum, die Mütter junger Töchter tun tiefe Einblicke in die heranwachsende männliche Generation.

Sehr häufig quält sie dabei die Frage: „Was, um Himmels willen, findet meine Tochter bloß an dem? Mir hätte der früher nie gefährlich werden können!" Denn Mütter neigen eigentlich alle dazu, die Verehrer ihrer Töchter mit höchst unobjektiven Augen zu sehen und mit dem zu vergleichen, was früher imstande war, das eigene Herz zu bewegen. Dabei kommt ihnen zumeist der Gedanke, daß die jungen Männer ihrer eigenen Generation ganz sicher erwachsener, gereifter und männlicher, also weniger grün gewesen sind. Das kann natürlich an der veränderten Perspektive liegen. Ganz sicher aber waren sie im allgemeinen netter zu den Mädchen ihrer Wahl.

Sie hatten es noch viel mehr mit Blümchen, Briefchen und Büchlein – ja, sogar mit Gedichten. Und wenn sie sagten, sie riefen am Abend vor acht Uhr an, dann taten sie es im allgemeinen auch. Zähneknirschend erlebt zur Zeit die moderne Mutter immer wieder mit, wie ihre niedliche Tochter sprungbereit neben dem Telefon sitzt und auf den Anruf wartet, der wieder einmal zu spät kommt; wie die Arme immer nur Wildwestfilme ansehen muß, aus denen sie sich gar nichts macht, und zum Geburtstag eine höchst unpersönliche Schachtel Pralinen als einziges Geschenk erhält, das, dem Einwickelpapier nach, auch noch aus dem Laden gleich nebenan stammt, wie Mutter und Tochter gleichzeitig mit raschem Blick erkennen.

Sie erkennen überhaupt vieles gleichzeitig mit raschem Blick. Und obwohl die kluge Mutter sich zunächst einmal jeder Kritik enthält, weiß die Tochter natürlich haargenau, was ihre Mama von seinen wahrhaft greulichen Schuhen hält, über die sie sinnend ihre Blicke schweifen läßt, daß sie realisiert, wie er aufs feinste den kleinen Finger beim Teetrinken abspreizt, und daß es ihr gar nicht imponiert, wenn er mit seiner schier unübertroffenen Geschäftstüchtigkeit renommiert. Der so Betrachtete ahnt zumeist gar nicht, warum seine Freundin manchmal zu Hause plötzlich so sehr gereizt ist. Übrigens haben die Mütter natürlich nicht nur etwas auszusetzen. Wenn sie klug sind, nur ganz im geheimen, haben viele Mütter auch einen besonderen Liebling unter den Verehrern ihrer Töchter. Es ist gewissermaßen derjenige, an den sie wie durch Zufall denken müssen, wenn sie irgend etwas in Richtung Aussteuer anschaffen. Es ist erstaunlich, wie früh manchen Müttern diese Gedanken – wenn auch uneingestanden – kommen. Aber, wie das Leben so spielt: Ihre besonderen Lieblinge sind nur ganz selten auch die Favoriten ihrer Töchter. Man wählt eben mit vierzig etwas anders als mit achtzehn.

Idealer Begleiter gesucht!

Unter all den Gesichtspunkten, nach denen man Männer kritisch betrachten kann, gehört auch der, ob sie als Begleiter zu allerlei Veranstaltungen, wo sie als Zuschauer oder Zuhörer zwei bis drei Stunden neben uns sitzen müssen, geeignet sind. Zunächst einmal muß geklärt werden, ob sie überhaupt geneigt sind, zu solchen Unternehmungen hinzugehen. Man soll sich da gar keine Illusionen machen: Ein Mann, der schon in der ersten Zeit heftiger junger Liebe nur unter Seufzen und Stöhnen und mit der Miene eines Menschen, der mittelgroße bis große Opfer zu bringen gezwungen ist, ins Kino geht, wird sich später auch nicht zum leidenschaftlichen Kinogänger entwikkeln. Genauso selten und hauptsächlich in Büchern anzutreffen sind die Fälle, wo jemand, der nie etwas für klassische Musik übrig hatte und nur mühsam sein Gähnen dabei verbergen kann, plötzlich – etwa nach dem zwanzigsten als Liebesbeweis dargebrachten Konzert – doch noch gepackt wird. Ähnlich wird es dem Fußballfan gehen, der auf Tennisturniere umgeschult werden soll.

Man darf sich aber auch nicht einbilden, daß der Mann, der bereitwillig und gern mit zu allerlei Veranstaltungen geht, schon der ideale Mann auf dem Nebenplatz ist. Da gibt es zum Beispiel den, der vom Geschauten und Gehörten so gepackt ist, daß er eigentlich unsere Gegenwart als eher lästig empfindet. Nicht, daß wir zu jenen gehören, die dauernd reden müssen, aber man will doch hin und wieder auch etwas sagen oder wenigstens menschliche

Nähe spüren – sonst hätte man ja auch allein gehen können! Ich kannte da mal einen, der war in Konzerten so ergriffen, daß er in der Pause wortlos auf dem Platz verharrte und das gleiche auch nach dem Schluß zelebrierte. Natürlich bekam man nie ein Glas Saft oder Sekt in der Pause und immer als letzte den Mantel an der Garderobe. Auch sportbegeisterte Männer werden unter Umständen ganz humorlos und antworten nur höchst gereizt auf vielleicht unfachmännische, aber zum Verständnis dringend notwendige Fragen. Düster durchzieht einen das Gefühl, daß sie im Augenblick nichts dringlicher wünschen als dies: sie hätten uns daheim gelassen.

Aber auch die entgegengesetzte Veranlagung ist nicht erstrebenswert. Begleiter, denen es offensichtlich hauptsächlich um die menschliche Nähe geht, bringen die Damen an ihrer Seite dazu, sich zu genieren, und hindern sie daran, dem Geschehen so recht zu folgen. Und die, die immerzu alles erklären wollen, werden auf die Dauer auch lästig. Außerdem schaffen sie Konflikte mit dem übrigen Publikum, das solche getuschelten, aber gut zu verstehenden Erklärungen gar nicht schätzt.

Selbst witzige Männer sind nicht zu allen Gelegenheiten gefragt. Wenn wir in großer Ergriffenheit sehen, wie im Kino der Sterbende auf der Bahre herangetragen wird, so erfüllt uns der Kommentar: „Vorn trägt der Sanitätsgefreite Neumann…" mit tiefer Empörung. Und eine so richtig schön ausgespielte Liebesszene, die dazu noch Entsagung und Abschied beinhaltet, wird entweiht durch Bemerkungen wie: „Sie hätte an die Witwenpension denken sollen!" Der ideale Begleiter müßte einem in einem solchen Fall – gleichfalls sichtlich, wenn auch männlich ergriffen – wortlos sein Taschentuch reichen. Männer aber neigen leider noch im gesetzten Alter dazu, wie einst als kleine Jungen bei Liebesszenen verächtlich zu schnauben, ganz so, als hätten sie selbst nie … Sogar bei sportlichen Veranstaltungen kann es einem passieren, daß ein ungeeigneter Begleiter just im Moment atemberaubender Spannung bemerken muß: „Was soll's? Einer wird doch der erste, und das steht morgen in der Zeitung!"

So imponierend im allgemeinen ein überlegen-kritischer Geist ist, so kann er sich doch beim Mann auf dem Nebenplatz höchst störend auswirken. Begeistert und hingerissen von einem unserer Meinung nach traumhaft schönen Konzert will man gar nicht wissen, daß im zweiten Satz die Tempi verschleppt wurden und daß man im dritten die Holzbläser mehr hätte zurücknehmen müssen. Auch will man im Theater nicht immer mit jenem sagenhaften Max Reinhardt konfrontiert werden, den auch unser Begleiter mit dem besten Willen nicht mehr genossen haben kann, weil er trotz aller Theaterbildung wohl kaum vor seiner Geburt schon im Theater war. Und wenn der große Monolog einen voll und ganz gefangennimmt, ist es höchst überflüssig, daß man zugeraunt bekommt, die Sprechtechnik ließe zu wünschen übrig und das Bühnenbild sei heftig an französische Vorbilder der zwanziger Jahre angelehnt. Andere kritische Geister können sich einen ganzen schönen Film lang nicht über die Unzulänglichkeiten der deutschen Synchronisation beruhigen, über die falschen Abzeichen auftretender Truppenteile oder über ein Auto, das als neues Modell erst 1943 herauskam, aber hier im Film schon vor 1933 herumfährt. Und beim Sport kann der jeweilige Sieger eigentlich gar nicht siegen, weil er einen Fehler an den anderen reiht – Fehler, die natürlich nur der Fachmann bemerkt!

Und dabei ist es doch eigentlich ganz leicht, ein idealer Mann auf dem Nebenplatz zu sein: Er muß nur gern da hingehen, wohin wir wollen. Er muß lachen, wenn wir lachen, er muß ergriffen sein, wenn wir ergriffen sind.

Wenn wir uns langweilen oder etwas lächerlich finden, muß er mit uns gähnen und kichern. In atemberaubenden Momenten oder in furchterregenden Augenblicken sollte er unsere Hand ergreifen – ja, und dann natürlich sollte er vorbildlich in puncto Programmen, Pausengetränken, Tränentüchern, Zigaretten und Garderobe sein.

Karnevalsbekanntschaften

Abgesehen von mehr oder weniger verwandten Onkels,
war der erste Mann, der mich küßte, ein rüstiger Opa, der
als „Roter Funke" im Kölner Karnevalszug mitmar-
schierte und von mir und einigen Klassenkameradinnen
um Bonbons – bei dieser Gelegenheit „Kamellen" ge-
nannt – angebettelt wurde. Obwohl ich inzwischen von
Karnevalsfunktionärsseite strenge Verlautbarungen über
die im Zug Mitmarschierenden und ihr möglichst negati-
ves Verhältnis zum Alkohol gehört habe, stand jener hei-
tere „Funke" doch offensichtlich unter dem Einfluß einiger Bierchen und Körnchen, die mich ihm weit
erwachsener erscheinen ließen, als ich war, denn außer ihm
verspürte noch ein paar Jahre lang niemand auch nur das
geringste Verlangen danach, mich zu küssen. Ich war sehr
verdutzt und geniert und außerdem enttäuscht, da er mir
statt der erwünschten Kamelle ein Veilchensträußchen
überreichte. Natürlich hatte ich in der Schule noch lange
unter dem Hohngelächter meiner Mitschülerinnen über
diese meine erste und keineswegs romantische Karnevalsbekanntschaft zu leiden.

Wenigstens bei einer der Lacherinnen war es mir wenige
Jahre später vergönnt, gleichfalls Schadenfreude zu zeigen. Ein gewisser Theo, olivenfarbig geschminkt, spanisch
gewandet, mit pechschwarzem Schnurrbart und Koteletten,
wurde um seines eindrucksvollen repräsentativen
Aussehens willen für den Tag nach einem Schülerkarne-
valsball von besagter Mitschülerin zum Abholen an die

Schule bestellt. Aber ach, wie sah Theo gewaschen und vom Spanier in einen Obersekundaner zurückverwandelt aus! Er wirkte im wahrsten Sinne des Wortes so farblos und mickrig, daß seine Angebetete in allem Ernst behauptete, dies könne Theo nicht sein, und spornstreichs in Richtung Vorortbahn entfloh.

Vor solchen Enttäuschungen ist man bei Karnevalsbekanntschaften nie sicher: so brach auch meine allererste Liebe gleich nach Karneval mein Herz, als er nämlich feststellen mußte, daß die langen Zöpfe nicht ein Bestandteil meines ungarischen Kostüms, sondern ein Bestandteil meines normalen Alltagsaussehens waren. Daraufhin erlosch seine Liebe jählings. Ähnlich ist es schon manchem weiblichen und männlichen Wesen ergangen, das eine Karnevalsbekanntschaft über Karneval hinaus pflegen wollte. Es gibt natürlich auch Ausnahmen, wo sich schließlich der Marsmensch und Kleopatra die Hand zum Ehebunde reichten, aber im allgemeinen sollte Kleopatra doch nicht allzu ernst nehmen, was der Marsmensch frühmorgens um drei auf der überfüllten Treppe sitzend alles so daherredet. In Karnevalsnächten wird früh um drei sehr viel auf Treppen geredet. Menschen gestehen sich gegenseitig, wie einsam man doch auf dieser Welt ist (wozu es keineswegs im Widerspruch steht, daß man von rechts und links, von vorn und hinten in engster Tuchfühlung oder gar Hautnähe mit lauter lieben Mitmenschen steht), man deutet sich gegenseitig die wertvollen Charaktere, man findet Seelenverwandtschaften heraus und kommt sich nicht nur geistig sehr nahe.

Der Wahrheitsgehalt der zu solchen Stunden gemachten Personalangaben hält auch nicht immer jeder Überprüfung stand. Den Afrikaforscher, der von seiner gefährlichen Expedition ins finstere Äquatorgebiet erzählt hatte, trifft man hinter dem Ladentisch eines Warenhauses wieder, und an die Hosenbeine des völlig ungebundenen Junggesellen klammert sich am Sonntagmorgen im Stadtpark ein munteres Knabenpaar, während ein rosa bemütztes kleines Mädchen in dem von ihm liebevoll geschobenen Kinderwagen sitzt. Allerdings war der Bildhauer, der mich unbedingt modellieren wollte, zu meiner größten Überraschung wirklich ein Bildhauer.

Es ist übrigens ein großer Fehler, anzunehmen, daß jeder Mensch hocherfreut ist, auf den man etwa im nächsten Sommer oder Herbst mit den Worten lossteuert (womöglich noch augenzwinkernd): „Wir kennen uns doch vom ‚Fest in Rot‘ (oder vom ‚Blauen Affen‘ oder ‚Lila Lerchenfeld‘) her!" Erstens sind Fasching und Karneval wirklich am Aschermittwoch aus und vorbei, und zweitens kann man durch solche heiteren Bemerkungen Komplikationen heraufbeschwören. Es gibt immer Mitmenschen, deren Phantasie bei dem Begriff „Karnevalsbekanntschaft" auf fabelhafte Weise zu blühen beginnt. Möglichst dunkle, verschwiegene Ecken spielen in diesen Phantasien eine nicht wegzudenkende, die Sittlichkeit gefährdende Rolle. Dabei ist Allermanns Tante aus Hamburg, die eigens nach Köln kam, um den Rosenmontagszug zu sehen und neben uns auf der Tribüne saß, zweifellos auch eine Karnevalsbekanntschaft. Um aber den schon so oft angegriffenen Karneval nicht in Mißkredit zu bringen, möchte ich abschließend feststellen, daß man normalerweise doch ein paar andere Karnevalsbekanntschaften zu machen pflegt als nur Allermanns mittelalterliche Tante aus Hamburg…

Loblied auf die beste Freundin

Nach der herkömmlichen Vorstellung ist es etwas Erhabenes um die Freundschaft zwischen zwei Männern. Ohne viele Worte stehen sie in Treue fest und befinden sich in ständiger Bereitschaft, sich füreinander zu opfern. Nur um die Frau ihres Herzens entzweien sie sich schon mal. Aber schließlich besinnt sich einer auf den fälligen Edelmut und tritt blutenden Herzens zurück. Dann blicken die Freunde einander wortlos ins ernste Männerauge und sind wieder bereit, Arm in Arm das Jahrhundert in die Schranken zu fordern. Zwar sind die meisten Männer, die ich kenne, auf eine weniger anstrengende Weise miteinander befreundet – aber immerhin – so wird die Sache dargestellt.

Die öffentliche Meinung über Frauenfreundschaften lautet ganz anders. Man findet sie hauptsächlich humorvoll behandelt, und sie lautet etwa so: Im Grunde genommen, sind Frauen eines so edlen Gefühls überhaupt nicht fähig, denn was sich so Freundinnen nennt, das tut bloß so. Sie neiden sich den schicksten Hut und sind von früh bis spät damit beschäftigt, sich Männer abzujagen. Außerdem können sie den Mund nicht halten, klatschen beständig herum oder sagen sich spitze Wahrheiten. So wird die Sache dargestellt. Ich finde das äußerst ungerecht. Man ist ja geradezu geniert, wenn man sagt: Meine Freundin ...

Ich habe nicht nur eine beste Freundin, ich habe deren mehrere. Sehr, sehr alte Freundinnen (natürlich nur, was die Dauer der Freundschaft anbetrifft). Als wir dreizehn Jahre alt waren, gründeten wir einen Verein zur Wahrung des Guten und Schönen, das sich uns etwa als eine Mischung von Speiseeis, Zarah-Leander-Platten und Iphigenie-Monologen manifestierte, und zur Bekämpfung des Bösen, das hauptsächlich die Züge ganz bestimmter Lehrerinnen trug. Eine Geheimschrift hatten wir auch. Sie war jedoch so schwierig, daß wir sie bald wieder vergaßen. Aber unsere Freundschaft hat sich als widerstandsfähiger erwiesen.

Fast alle Frauenfreundschaften werden in der Jugend geschlossen. Wahrscheinlich hat man später nicht mehr die Zeit, die man am Anfang braucht, um all die endlosen Gespräche und Kräche durchzustehen, die so eine Freundschaft verlangt, bis sie fürs Leben feststeht. Meine besten Freundinnen und ich kennen uns schon lange genug und haben viel miteinander erlebt: die erste Liebe und die zweite und die dritte. Den Krieg und die Zeit danach. Wir haben geheiratet und Wohnungen eingerichtet. Zeitweilig ging es uns schlecht und manchmal auch gut. In all den Jahren hatten wir eigentlich nie recht Gelegenheit, Arm in Arm das Jahrhundert in die Schranken zu fordern oder gar füreinander zu sterben – aber wir konnten uns in den schlechten Zeiten nach dem Krieg jederzeit besuchen und bekamen ein Bett und ein Essen, wir statteten uns zu wichtigen Rendezvous gegenseitig mit den letzten schönen Sachen aus, wir halfen uns mit Geld und verrieten uns gute Schneiderinnen. Wir haben viele Kümmernisse redlich miteinander geteilt. Und das ist schließlich auch etwas, wenn auch gar nichts Großartiges.

Natürlich haben wir auch miteinander geredet. Oft und viel sogar. Ich gebe ja zu, daß fast alle Mädchen- und Frauenfreundschaften nicht darauf basieren, daß man stillschweigend aneinander Wohlgefallen findet – beim Angeln etwa, wie das angeblich bei Männern der Fall sein soll. Aber ich verwahre mich dagegen, daß man hauptsächlich klatscht. Natürlich klatscht man auch – aber das ist nicht das Wesentliche. Wesentlich ist, daß man in aller Ruhe über seine eigenen Sorgen und Kümmernisse sprechen kann und durch die gleichfalls mitgeteilten Nöte der Freundinnen das tröstliche Gefühl nach Hause trägt, „keiner ist auf Rosen gebettet".

Nicht, als ob man als unverstandene Frau durchs Leben ginge, aber auch der reizendste Mann hat zuweilen Momente, wo er vom Idealbild eines Ehegatten etwas abweicht. Es wäre zuviel verlangt, daß einen das heiter stimmt. Aber wenn man dann niedergeschlagen im Kreise seiner Freundinnen merkt, daß diese ebenfalls niedergeschlagen sind, weil der Mann der einen wieder zuviel arbeitet, der andere eklig mit dem Wirtschaftsgeld ist und der dritte im Zorn ganz gräßliche Sachen gesagt hat, und daß sie außerdem alle dazu neigen, nicht richtig zuzuhören, wenn man ihnen etwas erzählt, und sich scheußlich zu Verwandten betragen – dann kann man plötzlich über all das lachen und kommt in geradezu aufgekratzter Stimmung in sein am Morgen noch so verdüstertes Heim zurück.

Selbstverständlich ist es nicht fein, über seinen Mann Nachteiliges zu berichten, das weiß ich auch. Aber bei meinen Freundinnen geschieht es unter einer wichtigen Voraussetzung: Da wir vieles voneinander wissen, wissen wir auch das eine ziemlich genau, daß wir nämlich eigentlich alle das Glück haben, glücklich verheiratet zu sein. Daß also alle Klagen, genaugenommen, nur Lappalien sind, die man sich gern einmal herunterredet. Das aber kann man nur bei seiner besten Freundin. Andere würden anschließend herumgehen und erzählen: „Ach, die Ärmste kann einem so leid tun. Sie hat ja solches Pech mit ihrem Mann, aber ich konnte mir auch nicht vorstellen, daß das jahrelang gutgehen sollte …" Oder so etwas.

Nicht, als ob meine Freundinnen edle Übermenschen wären. Sie sind erfreulich weit davon entfernt. Aber die Fehler, die wir haben, sind eigentlich die gleichen, die wir schon mit dreizehn Jahren hatten. Man ist daran gewöhnt und würde sogar etwas vermissen, wenn sie plötzlich fehlten. Es ist urgemütlich, daß man es längst voreinander aufgegeben hat, durch Streben nach Untadeligkeit auf die Freundinnen Eindruck zu machen. Wie angenehm ist es für einen unordentlichen Menschen etwa, wenn er sich gar nicht erst lange Geschichten ausdenken muß, woher er ganz urplötzlich unterwegs eine Laufmasche bekommen hat.

Was einen ganz besonders fest an die beste Freundin kettet, das ist die Fülle von gemeinsamen Erinnerungen. Da ist die Schule und die Tanzstunde, die gemeinsame Begeisterung für das Theater im allgemeinen und den oder jenen Schauspieler im besonderen. Und da ist all das, was man nicht gemeinsam erlebt, aber einander erzählt und wieder und wieder besprochen hat. Denn die beste Freundin hat ein ausgezeichnetes Gedächtnis auch für Dinge, die man ihr nur berichtete. Das geht sogar so weit, daß sie sich etwa genau an jenen Freund oder Freundin, der damals Musik studierte, Goethe langweilig fand und für sein Leben gern Haferflockenplätzchen aß, erinnert, wenn der schon längst den Vornamen seiner Einziggeliebten von damals vergessen hat. Und dabei hat sie, die beste Freundin, nie mehr als ein kleines Amateurfoto (mit Shagpfeife) von ihm zu sehen bekommen.

Zwei Damen ziehen zusammen...

Wenn man nicht – oder noch nicht – verheiratet ist, wenn das liebe Elternhaus entweder weit entfernt liegt oder aber beginnt, einen zu beengen, dann stellt sich zuweilen die Frage: Zieht man ganz allein in ein Zimmer oder eine Wohnung ein, oder zieht man mit einem Wesen in ähnlicher Situation zusammen? Diese Frage beantwortet sich ganz sicher nicht nur durch die finanziellen Gegebenheiten – sie ist eine echte Charakterfrage. Man muß eben wissen: Gehört man zu jenen Menschen, die sich nach einem anstrengenden Arbeitstag am liebsten, alle viere von sich gestreckt, in eine einsame Höhle verkriechen wollen, um auszuruhen, oder zu jenen, die erst einmal irgendeiner mitfühlenden Seele brühwarm berichten wollen, wie es ihnen tagsüber ergangen ist? Liebt man es, einen Sonntagmorgen still vor sich hin pusselnd in eigener Gesellschaft zu verbringen, oder braucht man dringend einen Gesprächspartner für ein ausgiebiges Sonntagmorgenfrühstück? Macht es einen nervös, wenn sich ein Mitmensch zuweilen Zahnpasta ausleiht und die Tube nicht wieder zuschraubt, oder kränkt es einen mehr, wenn niemand da ist, den man fragen kann, ob der beige Pullover zum braunen Rock geht? Braucht man, wenn man Kummer hat – und wer hätte den nie? –, eine mitfühlende Seele, oder möchte man dann am liebsten niemand hören und sehen? Kurzum, ist man gern allein oder nicht? Wenn man nicht gern allein ist, dann braucht man nur noch – je nach Geldbeutel – eine Wohnung oder ein Zimmer und eine wirklich gute Freundin, und man kann es für die nächsten Monate und Jahre ungeheuer gemütlich haben mit gemeinsamen Kochtöpfen, Wäscheklammern, Weingläsern, Sonntagsessen, Modeberatungen, Albereien, tiefsinnigen Unterhaltungen und fröhlichen Parties. Man kann auch alles streng voneinander getrennt halten und lieber den Kaffee ohne Zucker trinken, ehe man eine Anleihe aus der Zuckerdose der Mitbewohnerin macht, und ein ganzes Wochenende auf den spannenden Krimi verzichten, den man im Zimmer der verreisten Mitbewohnerin liegenließ, weil man es sich zur eisernen Regel gemacht hat, diesen Raum niemals in Abwesenheit der Besitzerin zu betreten. Das gemeinsame Badezimmer kann nach einem genau ausgearbeiteten Plan benutzt und blockiert werden, oder man hält sich dort zu gemeinsamem Verschönerungswerk auf, wobei auf dem Badewannenrand Sitzende oder vor dem Spiegel Stehende miteinander die allerschönsten Gespräche führen.

Das gesamte Gefühlsleben mit all seinem Auf und Ab kann miteinander geteilt werden, oder man übersieht diskret die jämmerlich rotgeweinte Nase der anderen. Man kann sogar dem Freund der Mitbewohnerin einmal gründlich die Meinung sagen, daß er sich so ganz unglaublich gegen die Gute benimmt, oder aber man kann so tun, als bemerke man gar nicht, daß ein und derselbe männliche Besucher besonders häufig kommt und besonders spät geht. Wie man sich aber in solchen Fällen auch verhält – es kommt darauf an, daß die andere Teilhaberin der Wohnung ähnlich empfindet. Ein völlig unbefangener, redelustiger und mitteilsamer Mensch muß einem verschlossenen Wesen hoffnungslos auf die Nerven fallen, während andererseits der redelustige Mensch immer dazu neigt, anzunehmen, der schweigsame Mensch sei ihm aus irgendeinem verborgenen Grund böse. Ein echter Konfliktstoff

liegt auch dann vor, wenn sich der Grad der Ordnungs-
liebe allzusehr voneinander unterscheidet. Muß man etwa
jeden Abend beim Heimkommen über die Schuhe der
Mitbewohnerin stolpern, so summiert sich schließlich so
viel Erbitterung, daß eine Explosion kommen muß, die
der Urheber überhaupt nicht versteht, da er ja gar nichts
Böses im Sinn hatte. Natürlich hat auch der Mensch nichts
Böses im Sinne, der es – sei es aus Schlamperei, sei es aus
ein wenig Geiz – immer geschehen läßt, daß der andere
das Putzmittel für das Badezimmer, den Wischlappen für
die Küche, die neuen Sicherungen, Streichhölzer und
Glühbirnen mitbringt, die kleinen Trinkgelder zahlt, die
so hin und wieder anfallen, und die Blümchen einkauft,
die auf dem Tischchen des gemeinsamen Korridors stehen.
Natürlich gibt es auch jene Art von milder Schmarotzerei,
die immer damit rechnet, daß der andere schon die eine
Tasse mit abwaschen kann und die Badewanne gründlich
scheuern wird, da er ja zuletzt baden will. Sicherlich sind
Aussprachen über diese Punkte nützlich und angebracht.
Wie aber soll man um Himmels willen der gutherzigen
Mitbewohnerin beibringen, daß es einen ganz krank
macht, wenn sie beginnt, einen zu betun und zu bemut-
tern, indem sie unbedingt alle Arbeit auf sich nehmen will,
einem die Pantoffeln reicht, Tee kocht und unsere Gardi-
nen wäscht?

Die größten Feinde einer harmonischen Wohngemein-
schaft sind natürlich die Männer. Selbstverständlich findet
man in den allermeisten Fällen den Freund der Freundin
nur halb so herrlich, wie sie ihn findet, ja, zuweilen kann
man ihn überhaupt nicht ausstehen. In den wenigen Fällen, wo man nur allzu gut versteht, was sie an ihm so an-
zieht, ist die Sache aber erst recht problematisch. Bei ganz
großer Liebe tritt zuweilen auch jener deprimierende Zustand ein, wo man von der lieben Mitbewohnerin und ih-

rem Freund am allerliebsten dabei gesehen wird, wie man das Haus verläßt. Dann ist meist auch der Zeitpunkt nahe, wo man sich trennt, weil einer von beiden Bewohnerinnen das beschieden ist, was, im Grunde genommen, von beiden immer gewünscht wurde: statt mit einer Freundin mit einem richtigen Ehemann irgendwo gemeinsam zu wohnen.

Aber wie das Leben so spielt: Erfahrungsgemäß kommt einmal bestimmt der Augenblick, wo zwei arrivierte Ehefrauen mit leuchtenden Augen und nicht ohne Wehmut von der herrlichen Zeit in der gemeinsamen Bude schwärmen. Sogar die Schuhe, die ständig auf dem Flur herumlagen, und den lästigen Freund finden sie jetzt fabelhaft komisch.

Von möblierten und besseren Menschen

Herren haben es bei der Suche nach einem Zimmer meist leichter als Damen. Sie werden lieber gesehen, weil sie, wie man im allgemeinen mit Recht annehmen kann, weder kochen noch Wäsche waschen. Diese an sich löblichen Tätigkeiten, die jeder Frau angeblich zur Zierde gereichen, bilden für manche alleinstehende Dame ein ernstes Hindernis zwischen sich selbst einerseits und einem möblierten Zimmer andererseits. Nach einem weitverbreiteten Zimmerwirtinnenglauben „hängen möblierte Damen dauernd in der Küche herum …", oder, was noch schlimmer ist, sie gehen nicht gern gesehenen häuslichen Tätigkeiten heimlich im Zimmer oder Bad nach. Was sollen die Ärmsten auch sonst tun, wenn sie zwar nicht mit Küchenbenutzung gemietet haben, aber dennoch schnell ein Spiegelei essen oder ein paar Strümpfe waschen wollen? Möblierte Damen haben meist keine Kochtöpfe und Waschschüsseln und auch kein Verständnis dafür, wie es eine alteingesessene Hausfrau schmerzen kann, wenn der Topf, der seit eh und je nur für das Kaffeewasser benutzt wurde, von unbefugten Händen in aller Harmlosigkeit mit Tomatensuppe entweiht wird und wenn sich in der großen Weihnachtsstollenansetzschüssel Feinwaschlauge befindet. Hier liegt ein kritischer Punkt im Verhältnis der Vermieterinnen möblierter Zimmer zu ihren Hausgenossinnen, und man kann ihn nicht ernst genug nehmen.

Männer sind in diesem Fall besser dran: sie haben oft eine so rührende Art, in der ihnen eigentlich verschlossenen Küche herumzusuchen, daß schon manche Hausfrau mit Herz ihnen lächelnd die Arbeit aus der Hand nahm. Nach genauen Beobachtungen sind nämlich bei weitem nicht alle Vermieterinnen möblierter Zimmer Drachen. Es soll allerdings auch schon Mieter gegeben haben, die, nachdem man sich dreimal hilfreich ihrer Hose zum Aufbügeln annahm, sie das vierte Mal wortlos zu eben diesem Zweck an die Garderobe hängten. So etwas verbittert natürlich manch ursprünglich durchaus wohlwollendes Gemüt.

Es gibt wenig Zimmer, deren Einrichtung ausdrücklich zum Zwecke des Vermietens zusammengekauft wurde. Meist haben Zimmer und Einrichtung bessere Zeiten gesehen. Ein Hauch dieser besseren Zeiten vergoldet sie bis in alle Ewigkeit in den Augen ihrer Besitzer. Nie wird denen aufgehen, daß der Nußbaumtisch mit den Löwenfüßen ein altes Scheusal ist. Und wenn irgend so ein junges Ding auf der guten Politur seine Sachen bügelt, so ist es nicht Kleinlichkeit, sondern echte schmerzliche Empörung, die wegen der verdorbenen Politur zu einem Heidenkrach führt. Bekanntlich haben möblierte Damen die Eigenart, auf polierten Möbeln zu bügeln – wahrscheinlich, weil ihnen keine anderen zur Verfügung stehen. Gerechterweise muß hier allerdings gesagt werden, daß auch der nicht die Politur vor Schäden bewahrt, der einen Herrn in sein Heiligtum aus besseren Zeiten einziehen läßt: Herren machen Wasserkringel und hantieren mit Zigaretten und Streichhölzern auf die unglaublichste Weise.

Der möblierte Mensch führt ein Leben unter Kontrolle. Ohne daß sie sich besonders anstrengen müssen, nehmen seine Zimmervermieter an seinem Leben teil. Sie wissen, wann er aufsteht, wie lange er sich wäscht, ob er allmorgendlich gurgelt oder nicht. Sie wissen, wann er das Haus verläßt und wann und in welcher Stimmung und Verfassung er heimkehrt, wie oft er badet und wie oft er Wäsche weggibt. Sie kennen ihn sowohl unrasiert und ungekämmt im Bademantel wie auch im Smoking oder Abendkleid, zu einem großen Anlaß feierlich herausgeputzt. Ja, sie wissen sogar sehr genau, ob der Smoking oder das Abendkleid nur für diesen einen Abend geliehen wurde. Vor allem wissen sie, wann, wie lange, wie oft und von wem ihr Mieter Besuch bekommt. Hier liegt ein weiterer kritischer Punkt im Verhältnis zwischen Mieter und Vermieter. Der Mieter eines möblierten Zimmers wird sehr viel strenger gehalten als andere erwachsene Menschen, und mancher Vermieter und vor allem manche Vermieterin tritt als die Verkörperung jener Ordnung auf, die eine Dame im Zimmer eines Herrn oder einen Herrn im Zimmer einer Dame bis zehn Uhr moralisch vertretbar, aber ab zehn Uhr höchst unmoralisch findet. Aber auch der möblierte Mensch tut – oft ohne es zu wollen – seine Einblicke. Den großen Ehekrach kann er kaum überhören und den Gerichtsvollzieher kaum übersehen. Aus seinem Fenster ist es ihm vergönnt, die halbwüchsige Tochter allabendlich von dem Drogisten von nebenan auf ziemlich ausgedehnte Art Abschied nehmen zu sehen, und im Flur wird er unfreiwilliger Zeuge der großen Auseinandersetzung seiner Vermieterin mit der Dame über ihnen über das ordnungsgemäße Putzen der gemeinsamen Treppe. Er erlebt die Vorbereitungen für den Besuch der reichen Verwandtschaft und die Aufregungen um die Prüfung des einzigen Sohnes mit. Manchmal spielt er auch die Rolle des rettenden Engels: er jagt um Herztropfen in die Apotheke, verleugnet Nicht-anwesend-sein-Wollende, fährt werdende Mütter in die Klinik und hilft dem etwas angeschlagenen Hausherrn die Treppen hinauf. So etwas verbindet natürlich im Laufe der Monate und Jahre. Manchmal aber auch bringt es beide Parteien endgültig auseinander. Es gibt nämlich mehr Leute, als man denkt, die es sich und anderen nie verzeihen, daß sie sich einmal in der Küche bei einer Tasse Kaffee im Stehen gründlich ausgeweint haben. Und dann wechselt man eben besser das Zimmer oder den Mieter – ganz gleich, ob männlich oder weiblich.

Dienstag paßt es nicht, aber wie wär's mit Freitag?

Die ideale Art der Verabredung ist etwa die: ein Kreis von lieben Menschen sitzt zusammen, und weil es so schön ist, schlägt irgend jemand vor: Wir gehen am kommenden Donnerstag abend zusammen da und da hin, und alle sagen begeistert: „Ja!" Ferner ist es relativ einfach, wenn das Datum des Zusammenkommens durch irgendein Ereignis – sei es ein Geburtstag, sei es eine Theaterveranstaltung, sei es eine Beerdigung – festliegt. In diesem Falle kann man entweder oder man kann nicht, auf jeden Fall kommt es nicht zu längeren Verhandlungen. Es ist höchstens menschlich etwas schwierig, wenn man insgeheim zu einer plötzlichen Verabredung überhaupt keine Lust hat und rasch plausible Entschuldigungen vorbringen muß, weswegen man leider, leider nicht kommen kann. Unerhört kompliziert wird so eine Angelegenheit aber erst, wenn mehrere Leute sich wirklich ernsthaft treffen wollen und gemeinsam nach einem günstigen und passenden Termin Ausschau halten, ohne jedoch alle an einem Fleck gemeinsam beraten zu können. In solchen Fällen muß das Telefon eine gar nicht zu überschätzende Rolle spielen.

Alte Schulfreundinnen etwa haben den Wunsch, einmal wieder zusammenzukommen, und eine von ihnen, die noch nicht weiß, auf was sie sich damit eingelassen hat, nimmt es nicht nur auf sich, die Gastgeberin zu sein – das wäre noch das geringste –, sondern auch die Verabredung zustande zu bringen. Sie hängt sich also ans Telefon und beginnt. Nummer eins findet die Idee fabelhaft und kann auch immer, nur am Anfang der Woche nicht und am Freitag schlecht, weil da ihr Mann so früh nach Hause zu kommen pflegt. Donnerstag hat sie auch nicht so sehr gern, weil da die Klavierlehrerin erscheint und auf eine Tasse Kaffee Wert legt. Also am besten Mittwoch. Nummer drei findet die Idee fabelhaft und kann auch immer – nur diesen Mittwoch nicht, da ihre Mutter Geburtstag hat, und am Donnerstag muß sie zum Arzt. Hingegen findet sie, daß Nummer eins ihren Mann viel zu sehr verwöhnt und es gar nichts ausmacht, wenn sie mal am Freitag nicht dasitzt und auf ihn wartet. Also Freitag wäre am besten, und man soll sich doch noch mal erkundigen, wieso Montag und Dienstag denn gar nicht ginge. Nummer drei findet die Idee fabelhaft und kann auch immer – nur in dieser Woche ist es ganz schlecht, weil da die Anstreicher im Hause sind. Wenn aber alle anderen an irgendeinem Tag können, will sie sehen, ob ihre Älteste mal einen Nachmittag zu Hause zu bleiben geruht, um die Anstreicher zu beaufsichtigen. Und außerdem soll Nummer eins der Klavierlehrerin den Kaffee in der Thermosflasche hinstellen, und Nummer zwei geht ohnehin viel zu oft zum Arzt, und am besten wäre Donnerstag, denn da hat ihre Tochter nie etwas vor. Sie muß aber erst noch mal mit ihr sprechen. Vorausgesetzt, daß es keine Nummer vier gibt, geht man jetzt in die zweite Runde: Nummer eins findet die Idee lächerlich, daß immer jemand bei den Anstreichern herumsitzen muß, und kann Freitag auf gar keinen Fall, weil sie schon zwei Freitage hintereinander weg war. Dagegen will sie sehen, ob die Klavierlehrerin nicht ein bißchen eher kommen kann, dann könnte sie am Donnerstag, vorausgesetzt, daß wir uns erst um fünf treffen; und wie komisch, daß Nummer zwei plötzlich den Geburtstag ihrer Mutter so wichtig nimmt, da kann man doch auch morgens mit einem Blumentopf hingehen. Und wenn nun nicht Nummer zwei den Arzt auf einen anderen Tag verlegen kann und die Tochter von Nummer drei am Donnerstag verfügbar ist, dann dreht sich das Telefonkarussell noch weiter und weiter ...

Männer, die es mit Recht scheuen, dieses Karussell zu besteigen, pflegen in allen Fällen von Verabredungen, wo Schwierigkeiten zu befürchten sind, souverän zu sagen: „Dafür ist meine Frau zuständig!" So ruft einen dann eines Tages Frau Soundso an, um festzustellen, an welchem Tag der nächsten Woche wir abends frei sind. In den allermeisten Fällen können wir nur sagen, was wir selbst in der nächsten Woche vorhaben, was aber der Hausherr für sich plant, steht auf seinem Terminkalender im Büro. Während also Frau Soundso die nächste Ehefrau anruft (die, nach Angaben ihres Mannes, angeblich auch zuständig ist), versucht man selbst seinen Mann im Büro auf einen Termin in der nächsten Woche festzunageln, von dem man nur hoffen kann, daß er auch den anderen eingeladenen Herren und den Gastgebern genehm ist. Sonst beginnt wieder eine fröhliche Telefoniererei, die dadurch besonders kompliziert wird, daß überall die Damen zwischengeschaltet werden. Und leider stimmt es nicht alle Männer heiter, wenn sie im Büro zum drittenmal in Sachen Einladung angerufen werden, mit der Bitte, da es nun am Freitag doch nicht ginge, alle anderen aber am Dienstag könnten, zu überlegen, ob nicht die eigene Verabredung am Dienstag auf den Freitag verschoben werden könnte. Obwohl, wie wir alle wissen, Männer streng objektiv und logisch urteilen, vergessen sie in solchen Momenten zuweilen, daß nicht der Vermittler solcher Botschaften – und sei es auch die eigene Frau – für die Störung verantwortlich zeichnet.

In krassem Widerspruch zu allen diesen Erfahrungen steht folgende Tatsache: Immer wieder passiert es uns, daß völlig ungeplant und ohne Terminverhandlungen, gewissermaßen von jetzt auf gleich, eine ganze Menge Leute bei uns zusammenkommen, die, hätte man sie vor vierzehn Tagen angerufen, um einen allen gemeinsam passenden Termin herauszufinden, ganz bestimmt nie unter einen Hut zu bringen gewesen wären. Und das scheint mir doch ein echtes Mysterium zu sein.

Müssen wir da denn wirklich hin?

Heutzutage gibt es das wohl gar nicht mehr: Als Kinder wurden wir in regelmäßigen Abständen zu einer ältlichen Tante geschickt, einzig und allein aus dem Grunde, weil dies nun einmal unsere Tante war. Diese Besuche haßten wir auf den Tod: Nicht nur, daß wir besonders sorgfältig herausgeputzt und mit der Mahnung versehen wurden: „Laßt euch nicht ausfragen!" – nein, bei der Tante gab es auch noch unbeschreiblich trockenen Kuchen, heiße Milch mit einer Haut darauf und endlose Berichte über einen Musterknaben namens Erni, der all das nicht tat, was man uns zur Last zu legen pflegte, und der sich zu Weihnachten lediglich wünschte, daß das Christkindlein ihm helfen möge, Muttis lieber Junge zu bleiben. Kurzum, es waren schlimme Nachmittage, bei denen wir natürlich doch nach Strich und Faden ausgefragt wurden, was meist mit unangenehmen Folgen verbunden war. („Habt ihr etwa wirklich gesagt, daß Papi immer abends so spät nach Hause kommt oder daß Oma geschimpft hat, weil ich zu dünne Unterwäsche trage?...") Wie gesagt – angesichts der Tatsache, daß solche Erlebnisse in der zarten Kinderseele Schaden anrichten könnten, werden landauf, landab die lieben Kleinen wohl kaum noch zu solchen Anstandsvisiten gezwungen.

Aber ihre Mütter und Väter, ihre Onkel und Tanten, ihre Vettern und Cousinen, die bleiben auch heutzutage nicht davon verschont, daß irgendeine Pflicht menschlicher, gesellschaftlicher oder geschäftlicher Art sie zwingt, irgendwo auf Besuch zu gehen, wo sie lieber wegblieben. Manchmal gehen häusliche Debatten voraus über das Thema: Müssen wir da denn wirklich hin? Aber man muß hin, weil man schon zweimal abgesagt hat, weil man die Betreffenden tödlich kränkt, weil man anderen Gästen versprochen hat, die Prüfung gemeinsam durchzustehen, weil es einfach unklug wäre, nicht hinzugehen, und weil es sich nun einmal um den einzigen Onkel, Schwager oder Vetter, die leibhaftige Schwester, Schwiegermutter oder Cousine handelt. Also muß man, und derjenige, der diese Verbindung gewissermaßen auf sein Konto rechnet, fühlt sich bedrückt.

Die Gründe, warum man manche Einladungen so gar nicht schätzt, sind sehr unterschiedlich. Manchmal liegt es an der Bewirtung. Man weiß etwa genau, daß einen den ganzen Abend lang entweder nur Bowle oder Bier erwartet, während man doch beides gar nicht gern trinkt. Oder es gibt als Spezialität des Hauses einen greulichen Nudelsalat, den man unbedachterweise auch noch jedesmal lobt. In manchen Häusern wird man in allerbester Absicht jedesmal überfüttert, und in manchen hat der Hausherr ein fabelhaftes Cocktailmixbuch, das man durchprobieren muß, wenn man ihn nicht beleidigen will, was erstens nicht jedermanns Sache ist und zweitens verheerende Folgen haben kann; oder es gibt einen Punsch oder eine Bowle, bei denen der Zucker nur so knirscht oder der Erdbeersekt auch nicht sehr vertrauenerweckend wirkt. Erfahrungsgemäß kommt auch keiner aus dem Haus, bis nicht der letzte Tropfen ausgetrunken ist.

Manchmal liegt es auch an der Unterhaltung. Man weiß etwa, daß man Dias zu sehen bekommt, die einen nur mäßig interessieren. Herrliche Dias – aber den ganzen Abend will man denn doch nicht auf den Spuren der alten Inkas durch Peru oder auf den Spuren der lieben Grünewaldts durch die Berner Oberalpen reisen. Man will auch nicht unbedingt stumm lauschend dasitzen und das Plattenalbum einer neuen Bruckner-Interpretation abhören. Und immer ist es auch nicht der sehnlichste Wunsch aller Gäste, wenn die Hausfrau singt. Auch ist es (bei allem Respekt vor der Jugend) nicht allzu verlockend, wenn man weiß, daß seit neuestem die Hauptbeschäftigung der bisher sehr unterhaltenden Familie darin besteht, den Ansichten des achtzehnjährigen angebeteten Sohnes zu lauschen, was auch von den Gästen erwartet wird. Überhaupt graust man sich etwas vor jenen Abenden, wo man den Gegenstand der Unterhaltung im voraus kennt: die Schlechtigkeit des gewesenen Ehemannes, die Beschreibung des verlorengegangenen Familienbesitzes, die Durchleuchtung der zweiten Rommel-Offensive in Afrika (von einem, der dabeigewesen ist), die Wurmstichigkeit des Establishments, die Unfähigkeit der Regierung (je nachdem verglichen mit Adenauer, Kaiser Wilhelm oder der traditionellen englischen oder französischen Demokratie), die Undankbarkeit von Kindern im allgemeinen oder besonderen oder die Beschreibung einer Gallenblasenoperation, in deren Verlauf der berühmte Chirurg den Patienten schon so gut wie aufgegeben hatte.

Am allermeisten aber graust man sich vor jenen Gastgebern, zu denen man aus irgendeinem Grunde gehen muß und denen außer der Nötigung zu Essen und Trinken überhaupt nichts einfällt und die auch den verzweifelten Bemühungen ihrer Gäste auf dem Gebiet der Unterhaltung nur ein freundliches „Ja" oder „Nein" oder „Meinen Sie?" entgegensetzen. Während man das Wetter, die Blumen im Garten, den alten Schrank im Zimmer, den Wald im Hintergrund und den sicher sehr interessanten Beruf durcharbeitet, fragt man sich angesichts der reichhaltigen und liebevollen Vorbereitungen für diesen Abend, wie lange man denn wohl anstandshalber bleiben muß, damit keiner gekränkt wird. Denn schließlich ist man ja eigens deshalb hergekommen. Daß es übrigens auf Abenden, von denen man gar nichts erwartet, besonders nett werden kann, ist eine alte, oft bestätigte Weisheit. Leider aber ist kein hundertprozentiger Verlaß darauf.

Auch eine Tante in Oberwaldenau

Es gibt Menschen, die hat man weder gern, noch kann man sie nicht ausstehen. Sie sind einem rundheraus gleichgültig. Wenn man sie trifft – in Gesellschaft oder etwa im Speisewagen der Eisenbahn –, hat man beträchtliche Schwierigkeiten, eine einigermaßen lebhafte Unterhaltung in Gang zu halten, und dazu das belastende Gefühl, daß es dem andern genauso geht. Aber dann erfährt man plötzlich, daß der Betreffende als Kind eine Tante in Oberwaldenau zu besuchen pflegte. Eine Tante in Oberwaldenau haben wir auch, und gleich ist das schönste Gespräch im Gange: über das Strandbad, das drei Kilometer weit entfernt war und durch eine mühselige Radfahrt über den Himmelberg erreicht werden mußte; über den Bäcker Bolling, der immer Kuchenkrümel in Riesentüten für zehn Pfennig verkaufte; über den Schutzmann Herrn Hase, der alle Kinder kannte, sogar die, die nur in den Ferien da waren; und über Frau Baurat, die immer hinter der Gardine stand und an die Scheiben klopfte, wenn man vor ihrem Hause Ball spielte oder Rollschuh lief. Obwohl wir uns nie in Oberwaldenau gesehen haben – Jahre lagen zwischen unseren Tantenbesuchen –, rücken wir uns doch seelisch näher, und wenn wir uns gegenseitig eingestehen, daß wir alle beide im Gegensatz zu den einheimischen Kindern absteigen mußten, wenn wir den Sandweg zum Himmelberg hinaufradeln wollten, haben wir uns beinahe schon gern. Und wenn wir dann noch feststellen müssen, daß wir in diesem erniedrigenden und peinlichen Augenblick beide die Ausrede zu gebrauchen pflegten, die Kette sei leider locker, lieben wir uns geradezu. So schaffen zwei fast vergessene Tanten Kontakte.

Aber auch andere Tatsachen vermögen die Menschen einander näherzubringen. Ich erlebte einmal, daß eine Gesellschaft, die mehr schlecht als recht in milder Konversation dahinvegetierte, dadurch ungeheuren Auftrieb erhielt, daß zwei Leute, wenn auch in verschiedenen Jahren, im gleichen Lokal in Hongkong auf die raffinierteste Art all ihrer Barmittel entblößt wurden. Sogar die Krankheiten der Kinder und Eltern der schönen, aber melancholischen Bardame waren die gleichen geblieben. Gemeinsame Erlebnisse verbinden, und die beiden wurden sich beim gegenseitigen Erinnern an die teilweise sehr komischen Einzelheiten immer lieber und werter. Aber es muß nicht Hongkong sein – auch die gleiche Schule etwa verbindet ungeheuer. Bekanntlich kümmert man sich während der Schulzeit kaum um die Klassen über und unter der eigenen. Eigentlich kennt man von denen nur die großen Sportkanonen und die, die bei Weihnachts-, Abschieds- oder sonstigen Feiern ihre Virtuosität auf dem Klavier oder der Geige unter Beweis zu stellen pflegen – natürlich von einigen Brüdern und Schwestern abgesehen. Aber später im Leben freut man sich über jedes Kind aus der eigenen Schule, selbst wenn es lange vor oder nach uns in das gemeinsame Bildungsinstitut zu wandern pflegte. Wie lebhaft beginnen selbst sonst ganz ruhige Menschen zu fragen: „Hatten Sie eigentlich noch den alten Soundso in Physik?" und wie glücklich sind sie, wenn der andere tatsächlich noch den alten Soundso hatte und wenn bei ihm das Experiment mit den vielen Drähten und Röhren, das im Dunklen stattfinden mußte, auch nie geklappt hat. Ach ja, und die Verdunkelungsrollos im Physiksaal rollten bei gewissen Mani-

71

pulationen donnernd in die Höhe, und der Hausmeister wusch seinen Kittel nicht. Aber es war doch eine gute Schule, und wir haben eine Menge gelernt, ganz anders als heute ... An diesem Punkt wollen auch alle andern etwas aus ihrer Schulzeit berichten, aber die beiden, die die gleiche Schule besucht haben, haben am meisten zu erzählen und fühlen sich als Verbündete den anderen gegenüber, die sie kaum zu Worte kommen lassen.

Manche empfinden auch große Freude und Sympathie, wenn sie mit ihrem grünen Volkswagen aus Wuppertal in Süditalien einen anderen grünen Volkswagen aus Wuppertal treffen, und verleihen ihrer Freude durch lautes Hupen Ausdruck. Doch darf hier nicht übersehen werden, daß es auch Menschen gibt, die lieber den einzigen grünen Volkswagen aus Wuppertal in ganz Süditalien hätten und gar nicht so erpicht auf Landsleute sind. Aber später, zu Hause, freut man sich dann wieder, einen Menschen zu treffen, der auch in Bari war und auch den Mann kennengelernt hat, der sein Schild „Bewachter Parkplatz" unermüdlich hinter den Autos hertrug und dann kassierte.

Oder es passiert, daß man durch Zufall erfährt, wann irgendwer Geburtstag hat. Und das ist dann gerade auch unser Geburtstag. Man findet es nett, einen Menschen zu treffen, der auch am vierundzwanzigsten März geboren ist, ein Datum, das vorzüglich zwischen Weihnachten und den Sommerferien liegt und zudem noch für alle guten Eigenschaften des Widdermenschen bürgt. Es gibt allerdings auch Gemeinsamkeiten, die einen ganz und gar nicht freuen: der gleiche Gelegenheitskauf etwa, das gleiche Kleid und vor allen Dingen die gleiche Freundin oder der gleiche Freund – selbst wenn man sie nacheinander und in schicklichem Abstand hatte.

Das fällt einem wirklich auf die Nerven!

Manche Leute tun einem etwas Böses an, und man nimmt es ihnen von ganzem Herzen übel. Anderen wieder nimmt man einfach nur übel, daß sie einen verrückt machen: Daß sie einen etwa jeden Morgen in aller Frühe mit den jauchzend gesungenen Worten: „Welch schöner Morgen, dieser Morgen!" begrüßen. Oder daß sie beständig in einen kleinen Taschenspiegel schauen, um ihr Make-up zu kontrollieren, und dabei auf eine bestimmte Art ihre Lippen bewegen. Oder daß sie grundsätzlich alle Wagentüren (nicht nur die eigenen) auf ihre vorschriftsmäßige Verschlossenheit hin kontrollieren. Oder daß sie ungewöhnlich lange den Zucker in ihrer Kaffee- oder Teetasse umrühren – immer noch einmal und noch einmal rundherum.

Dies alles schadet zwar niemandem etwas, aber es geht einem einfach wahnsinnig an die Nerven. Man kann wirklich nicht sagen, warum, aber manchmal hat man das sichere Gefühl, daß man es einfach nicht mehr aushalten kann, wenn dieser Mensch nicht endlich sein ganz spezielles Schnüffeln läßt oder wenn er noch einmal „Bestens!" sagt. Natürlich kann man es dann doch aushalten – was bleibt einem auch anderes übrig, man kann ja schließlich nicht jemanden vor die Tür setzen, weil er immer „Bestens!" sagt oder weil er es liebt, wieder und wieder über die Lehne des Plüschsofas zu streichen, was einem selber Schauder über den Rücken jagt.

Meist ahnen die, die einem so auf die Nerven gehen, gar nichts davon, daß sie uns irritieren, und normalerweise hütet man sich auch davor, es ihnen zu sagen. Jemand, der eben allmorgendlich genußvoll „Welch schöner Morgen, dieser Morgen!" zu singen vermag, hat einfach kein Gefühl dafür, welch Mißbehagen er dadurch hervorrufen kann. Es hat schon Augenblicke gegeben, wo sich dann, aus Anlaß einer allgemeinen Explosion, auch der ganze aufgestaute Widerwille gegen diese harmlose Angewohnheit mitentlud. Es ist zutiefst beschämend, wenn jemand bei solcher Gelegenheit erfahren muß, daß sein fröhlicher Morgengesang ein ständiger Stein des Anstoßes war und daß er auch mit dem obligaten Witz über den Selleriesalat nicht zur Erheiterung beigetragen hat, sondern nur den Zuhörern auf die Nerven gegangen ist. Wenn man übrigens enervierende Angewohnheiten anderer Leute vorführen will, finden sie aus unerfindlichen Gründen zufällig nicht statt: Hat man einem gespannten Publikum angekündigt, daß Fritz garantiert anläßlich dieses Abendessens den uralten und gar nicht komischen Selleriesalatwitz zum besten geben wird, so wird er es ausgerechnet dieses eine Mal nicht tun. Auch die Schwiegermutter meiner Freundin, die angeblich seit zehn Jahren anläßlich der Abendnachrichten zu sagen pflegt: „Ja, ja, Politik ist ein schmutziges Geschäft", unterließ dies prompt, als es mir vorgeführt werden sollte. Eine andere Schwiegermutter, die ständig auf Pantoffeln durchs Haus schlich, pflegte immer einen von ihnen auf der Treppe zu verlieren und ihn dann dort, leise vor sich hinmurmelnd, wieder anzuziehen. Auch die Art zu husten, die ein Onkel an sich hatte, wenn er morgens die Zeitung aus dem Briefkasten holte, ging den Mitbewohnern im Laufe der Zeit hoffnungslos auf die Nerven.

Überhaupt, je näher man sich ist, desto schwerer sind harmlose Angewohnheiten zuweilen zu ertragen. Jeden Morgen die nie beantwortete Frage an den der Sprache natürlich nicht mächtigen Hund hören zu müssen: „Ja, wo ist er denn, unser Süßer?" Das kann einfach zuviel werden! Selbst, wenn es sich um die eigene, an sich immer noch geliebte Frau handelt.

Ehepaare können sich natürlich ganz besonders intensiv auf die Nerven gehen: Jeden Morgen im Bad feststellen zu müssen, daß die Zahnpastatube wieder in der Mitte eingedrückt ist, daß alle Handtücher auf der Erde liegen, oder beim Frühstück eine ganz spezielle Art, mit dem Eigelb herumzukleckern, und das völlig sinnlose Riechen an der Wurst zu beobachten, mittags beim Heimkommen zusehen zu müssen, wie der Mantel nicht nur sorgfältig auf den Bügel gehängt wird, sondern daselbst auch noch den obersten und untersten Knopf geschlossen bekommt – das alles kann an der Liebe nagen. Manche Ausbrüche von unerklärbarer Mißlaune basieren etwa darauf, daß es jemanden bei aller Liebe rasend macht, wenn er zusehen muß, wie der andere mit zerbrochenen Streichhölzchen herumspielt. Auch die Angewohnheit, allzu weit ausholend und umständlich eine an sich hübsche Geschichte zum besten zu geben, kann echte Haßgefühle wecken.

Ganz schlimm wird die Sache natürlich, wenn im Laufe der Zeit die Liebe so langsam dahingestorben ist. Dann soll es schon vorgekommen sein, daß das allmorgendliche falsche Pfeifen des Radetzkymarsches schließlich der Tropfen war, der das Faß zum Überlaufen brachte, so daß das Gefühl, dies alles sei nun nicht mehr zu ertragen, übermächtig wurde. Und als mir einmal jemand erzählte, er habe einfach die Art seiner Frau, Weintrauben zu essen und sich beim Kartenspielen totzumischen, nicht mehr ertragen, konnte ich das gut verstehen – allerdings muß gerechterweise hinzugefügt werden, daß die Dame ganz allgemein enervierend war.

Danke für das Kompliment!

Komplimente sind Glückssache, wie wir längst wissen. Da gibt es zum Beispiel jenes, das wir alle schon in der einen oder anderen Form zu hören bekommen haben, das da etwa lautet: „Ich bewundere Ihr entzückendes Abendtäschchen, das hat mir schon vor drei Jahren auf dem Ball vom Ruderklub so gut gefallen …" Es kann sich auch um den Hut vom vorletzten Winter oder um die sportliche Handtasche von der letzten Olympiade handeln. Diese Art von Komplimenten freuen einen nicht uneingeschränkt, und bei manchen Personen überlegt man ganz schnell, ob hier nicht eine winzige Portion Bosheit eingebaut ist. Falls es sich übrigens um Schmuck handelt, den schon die Großmutter getragen, oder um einen Louisseize-Sessel, auf dem schon der Urgroßonkel gesessen hat, ist natürlich der Hinweis auf das Alter schon wieder ein Kompliment – aber wer hat schon so etwas? Und so ist im allgemeinen ein solches Kompliment mit Zeitangabe nicht sehr beglückend. Um so mehr muß einen folgendes wundern: Sagt man einer Frau, sie trage ein himmlisches Kleid, das ihr fabelhaft stehe, so wird sie in neunundneunzig von hundert Fällen sofort sagen: „Ach, das, das ist doch schon uralt!" Lobt man ihre Schuhe, so wird sie sich wundern, daß man die nicht schon längst an ihr gesehen hat, und begeistert man sich für ihr Pelzjäckchen, so wird sie sagen, daß sie dies schon im fünften Jahr „schleppe". Kurzum – es handelt sich um lauter uralte, nahezu abgetragene Sachen. Ganz, ganz selten gibt es einmal eine

Dame, die auf ein solches Kompliment hin strahlend dankt und zugibt, daß sie Kleid, Schuhe oder Tasche selbst ganz herrlich findet, heute zum erstenmal trägt und glücklich darüber ist, ein paar anerkennende Worte einzuheimsen.

Manche Sachen sind übrigens entweder dem Zustand oder der letzten Moderichtung nach so sichtlich neu, daß man sie mit dem allerbesten Willen nicht in die vorletzte Saison zurückdatieren kann. In diesem Falle gibt es eine andere Standarderwiderung auf jedes Kompliment: „Ach, das? Das war ganz billig!" oder: „Das habe ich im Ausverkauf nahezu geschenkt bekommen!" oder: „Das hat mir eine kleine Schneiderin aus meinem alten Morgenrock gemacht!" Man möchte fast verzweifeln, wenn man an das Los der Geschäfte zwischen den Ausverkäufen, der nicht ganz billigen Boutiquen und der exklusiven Schneiderinnen denkt – offenbar leben sie nur von dem, was sie vor vielen Jahren verkauft oder angefertigt haben, und hungern sich von einem Ausverkauf zum andern durch.

Nun gut, es ist sicher nicht fein, mit seinen Neuerwerbungen zu prunken. Aber man soll auch die Männer nicht allzusehr irritieren. Zunächst einmal kommt ihnen ganz sicher der höchst unnötige Gedanke, wieso andere Frauen in alten oder ganz billigen Kleidern, Jacken, Schuhen und Mänteln so elegant wirken, während ihnen nahestehende Damen ganz offensichtlich nicht so günstig einzukaufen verstehen. Und zweitens nimmt es ihnen den Spaß am Komplimentemachen, was doch sicherlich schade ist. Ein Mann, der vernimmt, daß ein von ihm gelobtes Kleid ein altes, billiges Fähnchen ist, muß sich, wenn er der Dame glaubt, ja wie ein unwissender Trottel vorkommen, der von modischen Dingen keine Ahnung hat und sehr viel besser daran täte, den Mund zu halten. Er wird nie erfahren, wie sie sich im Grunde ihres Herzens freut, daß ihr Gewand ganz offensichtlich Eindruck macht, weil sie irgendeiner merkwürdigen Vorstellung von Bescheidenheit wegen nur abschätzend meint: „Ach, das uralte Fähnchen…" oder ähnliches.

Es ist offenbar überhaupt schwierig, auf Komplimente etwas Nettes zu antworten. Auf die Bemerkung: „Sie sehen heute aber fabelhaft aus!" hört man die Antwort: „Dabei fühle ich mich miserabel", und wenn jemand etwas Anerkennendes über das gut sitzende Haar sagt, kommt meist nur der Ausruf: „Und dabei müßte ich dringend zum Friseur!" Ist es die Figur, die gelobt wird, weist man auf die noch nicht wieder abgehungerten Oster-Weihnachts-Urlaubspfunde hin, und preist man die Sonnenbräune, so wird bestimmt geklagt, daß eigentlich schon alles wieder ab ist. Unsere Urgroßmütter, die es noch nicht mit der Sonnenbräune hatten, aber dem Vernehmen nach Komplimente über ihre weiße Alabasterhaut einheimsten, waren uns im Entgegennehmen von Komplimenten weit überlegen. Entweder strahlten sie den Kavalier an, oder sie erröteten in entzückender Verwirrung, oder, wenn sie etwas koketter waren, schlugen sie neckisch mit dem Fächer nach dem Betreffenden und murmelten: „Sie Schmeichler!" Alles dies muß auf die Herren der damaligen Zeit die Wirkung gehabt haben, daß sie es zu Höchstleistungen in der Kunst des Komplimentemachens brachten. Ganz sicher wäre das nicht geschehen, wenn die Schönen nur leichthin gemeint hätten: „In der vorigen Saison war mein Teint viel alabasterner!"

Es gibt übrigens, wenn man weder erröten noch mit dem Fächer schlagen will und es einem nicht genügt, sich schlicht und sichtlich zu freuen, immer noch die Möglichkeit, mit einem anderen Kompliment zu antworten. Nur darf es nicht postwendend sein, sonst wirkt es so bestellt. Denn Männer haben auch gern Komplimente – und haben meist gar keine Schwierigkeiten, sie entgegenzunehmen.

Manche Wahrheit muß man sich leider verkneifen...

Neulich habe ich endlich einmal etwas getan, was ich mir seit Jahren gewissermaßen mühsam verbissen habe: zu einer jener reizenden mehr oder weniger fremden Damen, die zu meiner ein bißchen zierlichen kleinen Tochter mit jenem schönen Takt, den Erwachsene Kindern gegenüber auf Lager haben, sagte: „Du bist aber klein für dein Alter!", sagte ich in genauso freundlichem, betulichem Ton mit dem gleichen schönen Takt: „Sie sind aber dick für Ihr Alter!" Dann fühlte ich mich bedeutend wohler, hatte ich doch seit Jahren mit ansehen müssen, wie sich die Miene meiner Kleinen, die natürlich wie alle Kinder groß sein möchte, jedesmal verfinsterte, wenn man sie zu klein fand.

Andere Bemerkungen, die ich mir seit Jahr und Tag verkneife, werden aber wohl nie gemacht werden. Weder werde ich zu einem ewig jammernden, trübe gestimmten Verwandten sagen, daß er allen Grund hat, zufrieden zu sein, und sich nicht so anstellen soll, noch werde ich der sehr entfernten Tante, die seit Jahren über Einsamkeit klagt und vor allem darunter leidet, daß sie niemanden hat, dem sie ein beträchtliches Vermögen hinterlassen soll, zu verstehen geben: „Dann hinterlasse es doch mir!" – obwohl sich der Gedanke nur so aufdrängt, anläßlich des doch sie offenbar so bedrückenden Problems. Ach, und wie schön wäre es, auf ganz bestimmten, langweiligen Gesellschaften einmal laut zu äußern: „Es ist zwar erst halb zehn, aber mir kommt es vor wie Mitternacht – ich gehe jetzt!" Den Wunsch übrigens, den ich früher hatte, bei solchen Gelegenheiten einmal ein ganz und gar unsalonfähiges Wort zu gebrauchen, habe ich eigentlich nicht mehr. Heut ergäbe das nicht mehr ein Viertel der Sensation, die das noch vor zehn Jahren verursacht hätte. So erledigt sich manches von dem, was man schrecklich gern einmal sagen oder tun möchte, ganz von selbst. Ganz hohe Tiere, denen man unbedingt einmal die Meinung sagen und ihnen klarmachen wollte, was sie offenbar in ihrer einsamen Höhe nicht begriffen haben, treten ab und werden belanglose alte Männer. Künstler, mit denen man im Geiste tiefsinnige Gespräche führte, zu denen man nie Gelegenheit hatte, sind auch nicht mehr das, was sie waren, oder beschäftigen einen einfach weniger. Die Friseurin, deren Launen man geduldig ertragen mußte, weil sie eine so gute Friseurin war, an die man aber – wehrlos mit auf Wicklern gedrehten nassen Locken verbittert wartend – mehrere beleidigende Protestreden entwarf, die nie gehalten wurden, blieb in der Stadt zurück, aus der man wegzog. Auch die große Ansprache an die Eltern, die man sich zumeist im Alter von vierzehn Jahren ausdenkt und die man dann im Laufe der Jahre allmählich vervollkommnet, bleibt zumeist ungehalten, obwohl sich da die vorhergehende Generation manche Scheibe abschneiden könnte. (Auch meine Kinder arbeiten seit Jahren an einer Neufassung dieser großen Abrechnungsquelle – zuweilen hört man Bruchstücke davon!)

Auf Elternversammlungen in der Schule, bei manchen Konferenzen, bei Diskussionen reizt es einen zuweilen ungeheuerlich, ums Wort zu bitten und die Frage zu stellen: „Muß man sich diesen Quatsch eigentlich geduldig anhören?", wenn Leute, die das Pulver gewiß nicht erfunden haben, anfangen, auf bestimmten Themen herumzureiten. Ganz besonders beliebt sind die Wohlstandsgesellschaft, die autoritären Zwänge, der Europagedanke, die

Bevölkerungsexplosion, das Unbehagen an der Zivilisation und immer wieder natürlich die Demokratie. Alles das kann man serviert bekommen, wenn man etwa eine Klassenreise, einen neuen Kindergartensandkasten oder eine Kunstausstellung besprechen will. Aber man schweigt höflich und schaut nur nervös auf die Uhr. Dabei gibt es ganz gewiß Teilnehmer der gleichen Versammlung, die sich diese Frage auch stellen.

Sicher hat mancher auch schon auf eine Tischrede antworten wollen, als ihm keine Antwort zustand. Ach, wie hätte man gern jenem Silberbräutigam die Meinung gesagt, der vor lauter Preis und Ehre seiner eigenen Tugenden und Fähigkeiten total vergaß, die an diesem Tag fünfundzwanzig Jahre lang mit ihm verheiratete Frau zu erwähnen; oder jenem anderen Jubilar, der bei der Beschreibung seines Lebensweges nicht daran dachte, daß zum mindesten die Hälfte aller Anwesenden seinen Lebensweg miterlebt hatten und sehr verblüfft waren über das, was ihnen hier aufgetischt wurde. Wäre es nicht ein Hochgenuß gewesen, aufzustehen und zu beginnen: „Mein lieber Sowieso, wie wir mit Überraschung vernommen haben…" Natürlich bleiben alle solche Reden ungehalten, im Gegenteil: statt dessen wird dann in solchen Fällen Beifall geklatscht. Auch sonst gibt es natürlich Fälle, wo man liebend gern sagen möchte: „Ich würde mich ja genieren, so zu lügen…"

Übrigens: Je mehr man sich liebt, desto ungehemmter sagt man einander das, was man gerade gern sagen möchte. Das mag das Zeichen einer großen Vertrautheit sein, ist aber leider auch der Grund zahlloser Ehekräche.

Dabei war es doch so gut gemeint!

Es gab da vor Jahren eine ältere Dame, die mein Zimmer zuweilen aufzuräumen pflegte. Nun könnte man ja eigentlich annehmen, daß dies mich unbändig freute, aber leider, leider – undankbar wie der Mensch ist – konnte ich dies um die Welt nicht ausstehen, denn, so dachte ich mir, meine Unordnung ging keinen etwas an und war schließlich meine Sache. Außerdem empfand ich die Aufräumungsaktion immer als eine diskrete Rüge. Und als die betreffende wirklich rührende Dame zusammen mit einem Haufen Walnußschalen eine winzige goldene Nadel vom Tisch fegte und in die Heizung warf, empfand ich direkt eine finstere Genugtuung, und alle Beteuerungen, daß es doch so gut gemeint war, verstärkten nur noch meinen Groll. Denn „gutgemeinte" Aktionen machen einen unter Umständen rasend, aber wirken dennoch aufs peinlichste entwaffnend. Was zum Beispiel blieb jener Dame von erlesenem Geschmack zu tun übrig, als ihre treue Hilfe während des Urlaubs als Überraschung höchst eigenhändig den Flur in einem unbeschreiblichen Gelbbraun gestrichen hatte? Und was sollte meine Cousine tun, als sie, völlig abgebrannt, gleichfalls vom Urlaub kommend, von ihrer vor Genugtuung strahlenden Tante erzählt bekam, daß diese inzwischen das Parkett hatte abziehen und neu versiegeln lassen. Hatte doch die gute Tante gehört, wie die Cousine kurz vor der Abreise geäußert hatte, daß das Parkett in einem abscheulichen Zustand wäre! Leider nur gab es da einen kleinen Schönheitsfehler in Gestalt mehrerer Rechnungen: vom Parkettfachmann, von der Putzfrau (mit Familie zum Möbelrücken) und für das Reinigen des Teppichs, der so nicht mehr auf das schöne Parkett gepaßt hatte. Und das gleich nach dem Urlaub! Übrigens dauerte es auch seine Zeit, bis die Bücherwand wieder richtig eingeräumt war, da der Mann der Putzfrau bei diesem Geschäft die Bücher nach der Größe geordnet hatte.

Auch der Garten kann unter Umständen ein sehr geeigneter Platz für gutgemeinte Aktionen sein: leidenschaftliche Amateurgärtner, die zudem meist von unbezähmbarem Ordnungssinn beseelt sind, bereiten einem die schönsten Überraschungen. Die malerische Feuerdornhecke wird in der Horizontalen und Vertikalen egalisiert, das Staudenbeet wird aufgeräumt unter vollständiger Ausrottung aller Christrosen, Enziane und Hornveilchen, und die Terrasse wird zum erstenmal seit ihrem fünfjährigen Bestehen mit Seifenlauge gescheuert, wobei die Seifenlauge, auf dem Rasen ausgegossen, dort Verheerungen anrichtet, die einen in Tränen ausbrechen lassen. Auch die praktischen Haken für die Wäscheleine – in den Kirschbaum eingedübelt – sind nicht nur im positiven Sinne eine echte Überraschung.

Manche Leute besorgen einem auch etwas, weil sie der Ansicht sind, daß man dessen dringend bedürfe. Es ist sicher sehr gut gemeint, wenn die Schwiegermutter ihrer Schwiegertochter, die nie Obst einmacht, weil sie es angeblich zu teuer kaufen muß, einen halben Zentner Zwetschen billig vom Lande besorgt. Es ist auch sicher gut gemeint, wenn sie herrliche Wolle mitbringt, womit dem Enkelkind eine warme Strickjacke gearbeitet werden soll. Und wenn man auf einer Moselreise von dem dort für gut befundenen Wein auch an andere eine Kiste zum Vorzugspreis schicken läßt, damit die endlich auch einmal etwas Trinkbares im Hause haben, oder wenn man gar der netten Nachbarin den Dekorateur mit einer Musterkollektion für Schlafzimmergardinenstoffe ins Haus schickt, weil es ja nicht geht, daß man ins Schlafzimmer hineinsehen kann, so ist auch dies gut gemeint. Merkwürdigerweise aber sind die so Bedachten zuweilen recht undankbar dafür, daß sich jemand so rührend um sie kümmert, da ja die gutgemeinten Aktionen zumeist einen Beigeschmack von Kritik und milder Bevormundung enthalten. Das Parkett kann so nicht bleiben, das Schlafzimmer ist unschicklich, die Hecke verwildert, eine Hausfrau, die nicht einmacht, ist unvollkommen, das Kind friert ohne Jacke, und auf der Terrasse könnte man nicht vom Fußboden essen. Und was ist etwa von dem gutgemeinten Gang zum Friseur zu halten, den die Oma antrat, als sie ihren langlockigen Enkelsohn, den ihre zweitbeste Freundin für ein Mädchen gehalten hatte, hüten sollte? Der Knabe sah hinterher aus wie ein Rekrut bei den Preußen – also unbestreitbar nicht mehr wie ein Mädchen, aber seine Mutter hatte die Undankbarkeit, mit ihrem geschorenen Schäfchen türeknallend das Haus zu verlassen.

Wäre übrigens jener Knabe allein zum Friseur gegangen, hätte man weniger gegrollt, denn Kindern verzeiht man gutgemeinte Taten, für die sie eine leidenschaftliche Vorliebe haben, leichter. Mit ungeheurem Elan waschen sie Pappis Auto mit Hilfe einer Pfütze, sie fahren in unbewachten Augenblicken mit dem Wandanstreichen fort, sie waschen Hunde, kleine Brüder, Sofakissen und ihre eigenen Pullover, und wenn es einen ganz schlimm trifft, teeren sie den Fußboden in Keller oder Garage oder bearbeiten – nachdem sie diesem Vorgang aufmerksam in der Küche zugeschaut haben – anschließend die polierten Wohnzimmermöbel mit heißem Wasser und einem Reinigungsmittel. Aber was auch immer sie dabei anrichten – sie wollten einem wenigstens nicht zeigen, woran es bei uns hapert. Es war eben wirklich nur gut gemeint.

„Denken Sie an meine Worte"

Es gibt Leute, die sind nahezu ununterbrochen um das Wohl ihrer Mitmenschen besorgt. Dies wäre ja wohl als ein schöner und edler Zug zu bezeichnen, und man sollte ihnen dafür dankbar sein, wenn nicht die Besorgnis sich einzig und allein in düsteren Warnungen und bösen Prophezeiungen ausdrückt, die zumeist auch noch so spät kommen, daß sie einem gar nicht mehr nützen. Was hilft es einem etwa, wenn man abflugbereit auf dem Flughafen steht, um in einer – wie man bisher fest glaubte – wärmeren Gegend Urlaub zu machen, wenn da jemand kommt und fragt, ob man auch genug warme Pullover mithätte, da gerade in dieser Gegend ein Bekannter Schneestürme miterlebt habe und in den dort zumeist unheizbaren Hotelzimmern fast erfroren sei? Nichts hilft es einem! Selbst wenn man sich krampfhaft an alle jene Bekannten zu erinnern sucht, die in eben dieser Gegend wunderschön braun geworden sind – ein Stachel bleibt zurück.

Und wenn man sich irgendwo zum Essen verabredet hat, kommt auch die Warnung des besorgten Menschen, den man auf dem Wege trifft, viel zu spät: „Da passen Sie aber mal auf, da ist meine Schwiegermutter sterbenskrank geworden, als sie da vorige Woche gegessen hat. Sicher kochen die mit schlechtem Fett. Und der Aal grün ist meinem Mann da auch überhaupt nicht bekommen …" Nun erinnert man sich schwach, daß besagter Herr immer schon mit inneren Schwierigkeiten nach Aal grün zu kämpfen hatte, aber so ganz unbeschwert wird man das

Essen dort nicht einnehmen, sondern vorsichtig in sich hineinhorchen. Sollte man übrigens der besorgten Dame hinterher einmal wieder begegnen und sollte man dann berichten können, daß das Essen wunderbar geschmeckt hat und gut bekommen ist, so wird sie unter Umständen sagen: „Na, Ihnen bekommt aber auch alles!" Und das klingt keinesfalls wie ein Kompliment und ist auch nicht so gemeint, denn der so besorgte Mitmensch hat es leider nicht gern, wenn man straflos seine Warnungen nicht befolgt.

„Denken Sie an meine Worte" ist meist der Abschluß solch düsterer Prophezeiungen. Und tatsächlich: Die Worte, die die Kollegin in düster warnendem Ton sprach, als sie unser neues Kleid erblickte: „Sehr schick, aber passen Sie mal auf, wie der Stoff knautscht!" kamen einem sofort in den Sinn, als man die ersten Sitzfalten entdeckte. Allerdings empfindet man weder Dank noch Anerkennung, sondern doppelte Erbitterung, daß diese Miesmacherin mal wieder recht behalten hat.

Besonders häufig bekommt man Worte, an die man in kritischen Augenblicken denken soll, mit auf den Weg, wenn man verreisen will. In dem einen Land wird sich einem der Nebel auf Herz und Bronchien legen, in dem andern wird man wegen der Höhe nicht schlafen können, und im dritten wird nahezu jedem Reisenden entweder das Auto aufgebrochen oder das Gepäck geklaut. Länder, in denen man garantiert das Essen nicht vertragen kann oder Krankheiten fürs Leben fängt, gibt es in großer Anzahl. Auf dem Gipfel mit der herrlichen Aussicht regiert zumeist ein dicker Nebel. Die Schlösser werden weit überschätzt und sind das Eintrittsgeld nicht wert. Und ausgenommen wird man als Tourist natürlich sowieso überall – „Denken Sie an meine Worte!" Der optimistische Mensch kann sich angesichts solcher Warnungen nur sagen, daß es so viel Pech gar nicht geben kann, und zumeist behält er damit recht.

Aber nicht nur, wenn wir auf Urlaub gehen wollen oder sonst etwas Angenehmes vorhaben, ist diese Art von fürsorglichen Leuten um unser Wohl und Wehe besorgt, nein, auch in ohnehin trüben Stunden machen sie uns auf zusätzliche Gefahren aufmerksam. Im Krankheitsfalle ermahnen sie uns, darauf aufzupassen, daß aus der Grippe keine schwere Lungenentzündung wird, daß das gebrochene Bein auch gerade zusammenwächst, daß die Gehirnerschütterung keine bleibenden Folgen bis ans Lebensende hat und daß wir das Rheuma in der Schulter auch wieder loswerden. Alles dies ist nämlich ihnen Nahestehenden schon passiert, und es ist auch sehr zweifelhaft, ob wir den richtigen Arzt haben, denn sie glauben sich ziemlich genau daran zu erinnern, daß es der ist, der die alte Frau Grünewald auf dem Gewissen hat. Gehen unsere Kinder zum erstenmal ganz allein auf Reisen – was zugegebenermaßen sowieso ein eher sorgenvoller Augenblick ist –, werden wir zusätzlich ermahnt, darauf aufzupassen, daß sie unterwegs nicht verkommen, süchtig oder kriminell werden, Mädchenhändlern in die Hände fallen oder todkrank zurückkommen. Wie wir von zu Hause auf alles dies aufpassen sollen, wird uns allerdings nicht mitgeteilt, genausowenig wie wir auf unseren Mann aufpassen können, wenn er eine Zeitlang einmal nicht zu Hause, sondern woanders leben muß. In diesem Falle wird man übrigens besonders nachhaltig gewarnt – mit vielen traurigen Beispielen.

Die Möglichkeit, auf etwas aufzupassen, wird überhaupt von professionellen Miesmachern weit überschätzt. Wie etwa wäre es sonst zu erklären, daß man aufgefordert wird, darauf aufzupassen, daß das Flugzeug (in das man sowieso schon mit einem etwas unangenehmen Gefühl steigt) nicht in ein Gewitter gerät, daß das funkelnagelneue Auto (einer bestimmten Marke) nicht garantiert bald einen Kupplungsschaden haben wird und daß die liebe Oma sich auf einer Beerdigung nicht wieder einen Schnupfen holt, aus dem dann mit Sicherheit eine schwere Bronchitis wird?

Was kostet das alles für ein Geld!

Nicht genug, daß wir ständig damit zu tun haben, unser Einkommen auszugeben, einzuteilen, zu vermehren, zu verwalten, unsere Defizite auszugleichen, die Schulden abzubezahlen und Finanzierungspläne für die kommenden Zeiten aufzustellen – wir pflegen uns auch noch rastlos um fremde Finanzen zu sorgen. Mit geradezu rührender Anteilnahme überlegen etwa Grünewalds, daß sich ihre Nachbarn ganz sicher beim Bau eines Schwimmbades ruinieren. Sie sehen die Arbeiter nebenan im Garten fröhlich plaudernd zur soundsovielten Nahrungsaufnahme im Grase sitzen und denken an die Stundenlöhne, die da auf die armen Nachbarn zukommen. Und ob die auch wohl wirklich wissen, daß es mit dem Schwimmbecken allein nicht getan ist, weil noch die ganzen übrigen Unkosten für Wasser, Heizung, Umwälzanlage, Brausen und so weiter dazukommen? Was wird das alles für ein Geld kosten? Oder die Terrasse beim Chef? Sie ist riesengroß und ganz mit schwarzen und weißen Marmorplatten ausgelegt. Dabei weiß man doch genau, was Marmor kostet, denn es war schließlich mühsam genug, in der Familie das Geld für die Grabplatte der gemeinsamen Tante zusammenzubekommen! Nun ja, der Chef hat's ja, aber ob er sich da nicht doch ein bißchen übernommen hat?

Besonders intensiv kümmert man sich um die Finanzen der lieben Verwandtschaft. Da glaubt man noch den klarsten Überblick zu haben: Ist es zum Beispiel nicht höchst besorgniserregend, daß der junge Vetter mit seiner Braut im teuersten Lokal der Stadt schick zu Abend ißt, wo man doch genau weiß, daß sie die Mietvorauszahlung überall zusammenpumpen müssen und weder Kühlschrank noch Bettwäsche haben? Und Alfred und Anneliese, die ihren etwas schwierigen Vierzehnjährigen aufs Internat schicken wollen, wissen sicher noch nicht, was alles zu dem Schulgeld noch dazukommt. Wenn man allein an die Pullover denkt, die dort durch zu heißes Waschen alle verdorben werden! Und die Ansprüche, die die anderen Kinder stellen! Richtige Sorgen muß man sich auch um die bedauernswerte Nichte machen, die um ein Spottgeld einen uralten Mercedes erstanden hat. Die weiß ganz sicher nicht, welche Reparaturkosten da anfallen werden. Der völlige Ruin ist ihr gewiß. Wenn aber erst einer in der Familie anfängt zu bauen, dann kann er der Teilnahme aller sicher sein. Schließlich weiß man ja, was ihm blüht. Und daß der Ärmste immer noch glaubt, es koste nur so viel, wie der Voranschlag verspricht, erfüllt einen mit tiefem Mitleid. Das wird ein böses Erwachen werden!

Übrigens treffen diese düsteren Voraussagen nicht immer ein. Es gibt Leute, die trotz der Besorgnis ihrer mitfühlenden Umgebung Häuser bauen, Pelzmäntel kaufen, teure Reisen machen, elegante Kleider tragen, ihren Kindern Fahrräder und Roller der aufwendigsten Ausführung kaufen und dabei weder verhungern noch vom Gerichtsvollzieher heimgesucht werden, noch schließlich ihr Haus zwangsversteigern müssen. Da erhebt sich dann die Frage: Wie machen die das bloß? Schließlich verdienen die auch nicht mehr als unsereiner. Vielleicht sparen sie am Essen? Vielleicht hat sie etwas von den Eltern mitgebracht? Vielleicht verdient er abends noch etwas nebenher? Und vielleicht – ganz vielleicht – nimmt ja doch noch alles ein böses Ende. Nicht, daß man das wünschte, aber es ist doch deprimierend, zu denken, daß andere Leute soviel mehr aus ihrem Geld zu machen verstehen.

An der Tatsache übrigens, daß die Mitmenschen soviel Aufmerksamkeit und Anteilnahme auf die Finanzen der anderen verwenden, ist schon mancher sonst recht erfolgreiche Verbrecher gescheitert. Anstatt sich darüber zu freuen, daß da plötzlich in einen bisher eher ärmlichen Haushalt Farbfernseher, Kühltruhen, Hausbars und Samtportieren geliefert werden, erfüllt dies die Nachbarn mit Sorge um die Unbesonnenen. Und wenn sich dann kein totaler finanzieller Zusammenbruch ereignet, sondern auch noch ein funkelnagelneues Auto auf der Bildfläche erscheint, wird aus dem menschlichen Gefühl der Sorge allmählich Mißtrauen. Dann kommt eines Tages tatsächlich die Polizei ins Haus, und das perfekte Verbrechen ist daran gescheitert, daß sich die einen Leute Gedanken um das Geld der anderen Leute machen. Es muß sehr entmutigend sein für einen erfolgreichen Bankräuber, wenn er zwar den Keller voll Geld hat, aber keins ausgeben darf, um nicht aufzufallen. Ganz sicher wird dieser Umstand nicht immer gründlich genug bedacht.

Ganz zufällig stößt man übrigens schon einmal darauf, daß andere Leute sich auch um unser Geld Gedanken machen, daß sie dies und jenes nachrechnen und beginnen, darüber nachzudenken, was das alles, was wir so unternehmen – etwa die große Reise –, kostet. Das aber möchten wir uns doch höflichst verbeten haben, denn schließlich und letzten Endes geht das keinen etwas an!

Nun sagen Sie mal ganz ehrlich...

Manchmal geschieht es, daß einem irgend jemand – sei es auf der Straße, sei es auf einer Party – mit begeistertem Lächeln entgegentritt, gerührt beide Hände zugleich schüttelt und spontan die Worte ausstößt: „Nein, wie reizend, Sie hier zu treffen! Wie geht es Ihnen denn?" Dieser Jemand wäre in neunundneunzig von hundert Fällen baß erstaunt, würde man etwa antworten: „Einen leichten Kopfschmerzanfall heute vormittag habe ich gut überstanden, dagegen schmerzt mich die Narbe von meiner Blinddarmoperation im Frühjahr noch hin und wieder bei schlechtem Wetter. Finanziell haben wir uns seit der Urlaubsreise allmählich wieder bekrabbelt, doch regnet es seit ein paar Tagen bei unserem neuen Haus durch, und Streit mit meiner Schwiegermutter habe ich auch..." Der Jemand ist nämlich nicht im allergeringsten wirklich daran interessiert, wie es einem geht, sondern erwartet, daß man die Frage mit einer Phrase abtut und ihn seinerseits nach seinem Befinden fragt, woraufhin er gleichfalls eine nichtssagende Antwort zu geben hat. Für naive Gemüter, die noch daran glauben, daß die übrige Menschheit ehrlich an ihrem Wohl und Wehe interessiert ist, kommt unweigerlich eines Tages die schmerzliche Entdeckung, daß trotz strahlendem Willkommensgruß und freundlicher Frage sichtlich niemand recht den Ausführungen über das eigene Ergehen lauscht. Ach, wie schrecklich kann einem solch ein armer Mensch leid tun, wenn er plötzlich dessen gewahr wird und offensichtlich verlegen mitten im schönsten Redefluß abbricht!

Wenn auf die Frage nach dem Ergehen, im Grunde genommen, gar keine Antwort verlangt wird, so gebietet der gute Ton in allen Lebenslagen auf andere Fragen faustdicke Lügen. Was um Himmels willen soll man angesichts einer Flüssigkeit sagen, die in einem dicken, hellbraunen Strahl einer riesigen Kanne entquillt, wenn die Gastgeberin wissen will: „Hoffentlich ist Ihnen der Kaffee auch stark genug?" Nur unter den nächsten Blutsverwandten wird man das Getränk ehrlich und zutreffend als Lorke bezeichnen; in allen anderen Fällen wird man begeistert loben, genau, wie es die Hausfrau erwartet. Warum also fragt sie einen nur? Ebenso erwartet die Hausfrau, die rührenderweise einen Logiergast auf einem „Sofa" genannten Marterinstrument schlafen ließ, auf die Frage, wie er denn die Nacht verbracht habe, eine positive Antwort und erhält sie auch. Auf diese Weise kommt übrigens in manchen Familien der Aberglaube zustande, man könne auf ihrem Sofa wirklich fabelhaft schlafen, denn „Dr. X und Fräulein Y und Tante Z und der gute alte Peter fanden es alle riesig bequem…" Zufällig war ich einmal Zeuge, wie eine Hausfrau durch eine Verkettung widriger Umstände auf ihrem eigenen Sofa logierte. Es war für sie eine echte Überraschung, leider nicht der angenehmsten Art. Allerdings war der Erfolg dann doch positiv, da sie gegen Morgengrauen Sofa Sofa sein ließ und reumütig beschloß, ihrem Manne zu verzeihen und ins gemeinsame Ehegemach heimzukehren.

Wahrhaft teuflisch ist aber die Angewohnheit, Fragen zu stellen mit der Bitte, sie „ganz ehrlich" zu beantworten. Glauben jene Damen wirklich, sie bekämen eine wahrhaftige Antwort, wenn sie einen fragen: „Sagen Sie mal ganz ehrlich, für wie alt halten Sie mich?" Nun wäre es natürlich ganz einfach, wirklich zu sagen, für wie alt man sie hält. Aber dazu ist man in den meisten Fällen unerklärlicherweise zu höflich oder zu feige. Also rätselt man herum: selbstverständlich hält man sie für jünger, als man sie hält, aber man darf sie auch wieder nicht für so jung halten, daß die Lüge faustdick wirkt. Dazu kommt noch, daß einem ein Alter, von dem man selbst noch erfreulicherweise weit entfernt ist, ziemlich fremd erscheint. Für eine siebzehnjährige sind alle Frauen über Vierzig uralt, während man mit Dreißig eigentlich kaum Unterschiede zwischen Fünfzig und Sechzig findet. Übrigens kann es einem bei aller Vorsicht doch passieren, daß die Betreffende noch jünger ist, als man sie schätzt, und so stellt man mit zunehmender Lebenserfahrung fest, daß es auf diese Frage einfach keine Lüge gibt, die zu dick aufgetragen ist. Man denke nur an jene wohlkonservierten Dreißigerinnen, die es in allem Ernst schlucken, wenn ein übergalanter Mensch sie für die Schwestern ihrer Töchter hält.

Manchmal wird man auch mit dem Hinweis auf das Gebot größter Ehrlichkeit zum Schiedsrichter angerufen. Das ist besonders peinlich: „Otto sagt immer, ich hätte zu dicke Oberarme für ärmellose Kleider, nun sagen Sie doch mal die Wahrheit…" Otto schaut einen erwartungsvoll an, die Dame gleichfalls, und die Wahrheit liegt natürlich bei Otto. – Es ist doch sehr merkwürdig, daß die Menschen, die einen um Ehrlichkeit bitten, ernstlich böse werden können, wenn man ihnen diese Bitte erfüllt. Ich habe z. B. mal einer Freundin – ganz ehrlich – die Frage beantwortet, was ich davon hielte, daß es Leute gäbe, die behaupten, daß ihre Kinder bemerkenswert schlecht erzogen seien…

Hallo, Taxi!

Eigentlich kommt man nur selten mit ganz wildfremden Menschen ins Gespräch, doch unter allen diesbezüglichen Möglichkeiten ist die häufigste eine Unterhaltung mit dem Taxifahrer, der einen gerade irgendwohin befördern soll. Es gibt zwar Taxifahrer, die – nachdem man sich über das Ziel der Fahrt klargeworden ist – in tiefes Schweigen versinken und kaum ein „Dankeschön" für das Trinkgeld hervorbringen, aber zumeist handelt es sich doch um kontaktfreudige Damen und Herren. Sie legen Wert darauf, daß man erfährt, daß nicht etwa sie, sondern die Unfähigkeit der Stadtplaner Schuld daran trägt, daß man nur auf Umwegen ans Ziel kommt, daß man wegen der Büroschlußzeit besser den Umweg über die Elisenstraße nimmt und daß, wenn es so weitergeht, nächstens der Verkehr völlig zusammenbricht, was sie schon vor fünf Jahren vorhergesagt haben – „Denken Sie an meine Worte!" Natürlich muß auch das Wetter besprochen werden und welche Nachteile es für das Geschäft hat. Wenn es regnet und schneit, bleiben die Leute zu Hause, wenn die Sonne scheint, gehen sie zu Fuß – es gibt eben einfach kein Wetter, das Vorteile bringen könnte, wie man voller Anteilnahme erfährt. Überhaupt schafft das Gewerbe kaum die Unkosten wieder herein, und der neue Tarif ist auch, bei Licht besehen, ein einziger Reinfall.

Jedoch beschränken sich die Gespräche beileibe nicht nur auf Fachsimpelei: Man kann erklärt bekommen, wieso alle Studenten, die gerade draußen vorbeidemonstrieren, ins Arbeitshaus gehören – was auch immer das sein mag. Und man kann darauf hingewiesen werden, daß die Firma, zu der man sich gerade fahren läßt, auch zu den Weltkonzernen gehört, die den Arbeitern die Produktionsmittel vorenthalten, und was „die da in Bonn" treiben, hört man auch in dieser und jener Beleuchtung. Außerdem trifft man unter den Taxifahrern erstaunlich viele Ostexperten, die einem genau auseinandersetzen, was der Russe eigentlich denkt. Aber es geht nicht nur um Politik – geradesogut kann der teilnehmende Fahrgast eine genaue Schilderung von der Gallenblasenoperation der Frau des Fahrers zu hören bekommen oder die Ansprache an dessen Hauswirt, die dieser gehalten bekommt, wenn er wirklich die Miete erhöht.

Oft werden Taxifahrer aber auch zu Helfern in Stunden der Not. Sie erleben menschliche Krisen aus nächster Nähe mit, fahren zu Hochzeiten, Krankenhäusern und Beerdigungen, warten vor Häusern von Nebenbuhlerinnen, fahren zu geheimen Stelldicheins und bewerkstelligen überstürzte Abreisen. Sie wissen also wirklich, wie das Leben so spielt, und ein im Beruf ergrauter Fahrer könnte Bände schreiben, wenn er nicht immer am Steuer sitzen müßte. Verfolgungsjagden von treulosen Ehemännern oder -frauen dagegen gibt es hauptsächlich im Kino. Wie mir ein alter Hase des Gewerbes berichtete, verlieren Taxifahrer gern die Spur, weil es sonst nur Komplikationen mit Gericht, Zeugenaussagen, Verdienstausfall und Ärger gibt. Man soll also – so der gute Rat – in einem solchen Fall nicht sein Geld zum Fenster hinauswerfen. Es hat auch keinen Sinn, so verrückt zu spielen wie jene Kundin, die sich einen ganzen Monat lang jeden Abend vor ein bestimmtes Haus fahren ließ und dort hinaufstarrte, bis das Licht eines bestimmten Fensters ausging. Was hätte die mit dem Taxigeld alles anfangen können! Na, schließlich hat der Fahrer sie – ganz gegen sein eigenes Interesse – zur Vernunft gebracht. So wenigstens berichtet er.

Leider kann man aber nicht umhin, zu bemerken, daß es auch Fahrer gibt, die weit davon entfernt sind, sich ihrer Kunden väterlich anzunehmen, sondern eher ruppig werden. Ihr Argument auf irgendwelche Beanstandungen, etwa, man möge doch nicht unbedingt ein Rennen fahren oder das Radio derart laut spielen lassen, besteht aus den schlichten Worten: „Sie können ja aussteigen!" Das trifft einen besonders hart, wenn man sich nachts im Dunkeln oder tags auf menschenleerer Strecke weit, weit entfernt von jeder anderen Fahrgelegenheit befindet. Mit Gepäck zusammenhängende Bitten werden selbst bei alten Damen hin und wieder glatt abschlägig beschieden, und bei einer gewissen Unsicherheit über die Zieladresse kann man angeraunzt werden: „Nächstens überlegen Sie sich erst mal, wo Sie hinwollen!" Andere Fahrer dagegen sind bereit, einen halben Stadtteil abzusuchen, sie fragen unermüdlich in Läden und Tankstellen, schlagen einem gleich Beethoven, Haydn und Händel vor, wenn sich die Mozartstraße als Irrtum erweist, und sind richtig glücklich, wenn man schließlich gemeinsam den gesuchten Platz ausfindig gemacht hat. Sie warnen unter Umständen vor Nepplokalen, empfehlen dem Fremden Unterkünfte, die nicht so teuer und trotzdem anständig sind, und wenn jemand auf der Suche nach etwas ist, das ruhig teuer sein darf, aber unanständig sein muß, wissen sie garantiert auch Rat.

Und manchmal sind sie richtig liebenswert, so wie der Fahrer, der neulich einmal einem nicht sehr wohlhabend aussehenden fremden jungen Mädchen, das von ihm in einen entlegenen Vorort gefahren werden wollte, riet: „Da nehmen Sie man lieber gleich die Linie 14, kleines Fräulein. Die kostet Sie nur achtzig Pfennig und fährt Sie auch bis vor die Tür!"

Vom Umgang mit Möbelträgern

Von meiner Großmutter, die als Beamtenfrau viele, viele
Male umzuziehen hatte, stammt der Glaubenssatz: Wenn
man sich mit den Möbelträgern anlegt, lassen sie das Klavier fallen! Da es sich um ein sehr geliebtes Klavier han-
delte, erfuhren die Möbelmänner bei ihr stets äußerste Zu-
vorkommenheit, so daß die Wahrheit dieses Ausspruchs
nie auf die Probe gestellt wurde. Und auch bei ihren
Kindern und Kindeskindern in unserer etwas rastlosen Familie weiß man von klein auf, daß man zwar Kinder und
Hunde während des Umzugs anschreien darf, daß man
sich ruhig mit seinem Mann verzanken kann, daß man
Streit mit dem alten oder neuen Hauswirt vom Zaune brechen und ganz unschuldige Menschen am (gerade noch
funktionierenden) Telefon unhöflich behandeln darf, daß
aber die gereizte Umzugsstimmung nicht an den Möbel-
männern ausgelassen werden darf. Auch dann nicht, wenn
sie den frisch gestrichenen Türen zu nahe kommen, die
polierten Möbel nur unvollkommen gegen den Regen
schützen, nicht mehr wissen, wo sie den dringend benö-
tigten Schrankschlüssel sicher verwahrt haben (... das waren die Kollegen in Hamburg), und einem ungerechte
Vorwürfe machen, weil die Wohnung im dritten Stock
liegt, der Gartenweg nicht mit dem Lastwagen befahrbar
ist, die Kellertreppe zu eng und der alte Schrank zu schwer
ist. Im Gegenteil, auf Bemerkungen wie „Trockene Luft
hier" oder „Genau zwölf Uhr!" hat man mit Speis und
Trank zu reagieren, was zwar nach den Buchstaben des
Speditionsvertrages nicht sein muß, aber nach der Lebenserfahrung unbedingt doch verlangt wird, obwohl die

Hausfrau gerade am Umzugstage sich nicht mit der Bewirtung von sechs starken Männern beschäftigen möchte, während doch die eigene Familie an einem solchen Tag eher kümmerlich versorgt wird.

Solcherart pfleglich behandelte Umzugsmänner können dann allerdings zu wahren Stützen werden, indem sie über sich hinaus wachsen und an der Kommode, die seit dem vorigen Umzug lädiert ist, ein Bein wieder befestigen, die Küchenschränke aufhängen, den Herd anschließen und sich sogar bereit erklären, ein altes Regal, das in der neuen Wohnung nirgendwohin paßt und auch schon recht windschief dasteht, wieder mitzunehmen und irgendwo verschwinden zu lassen. Sie nehmen es unter Umständen auch auf sich, den alten Kleiderschrank, der eigentlich nach oben sollte, aber dann dort doch zu scheußlich aussah, in den Keller zu schaffen, wozu sie an sich – obwohl sie ja im Stundenlohn werken – wenig Neigung verspüren. Außerdem machen sie einen gleich auf die Fehler der neuen Wohnung aufmerksam und berichten, sinnend auf einen Sprungfederrahmen gelehnt, was es alles für Leute gibt – solche, wo die Frau die Möbel immer woanders hinhaben will als der Mann, solche, wo der Gerichtsvollzieher in den Umzug hineinplatzt, und solche, die doch wahr- und wahrhaftig Packern und Möbelträgern Pfefferminztee vorsetzen. Außerdem haben sie eigentlich alle irgendwann einen ganz prominenten Künstler, Politiker oder Industriekapitän umgezogen, bei dem es immer entweder besonders üppig oder besonders armselig zuging. Man steht dabei, paßt auf, daß der Schuhschrank nicht ins Kinderzimmer kommt, und friert. Bei Umzügen friert man nämlich immer, weil man unter Umständen stundenlang an offenen Türen stehen und alles dirigieren muß und weil offenbar immer nur ganz andere Leute bei schönem Wetter umziehen. Hätte man nur nicht am Tage vorher in stundenlanger Kleinarbeit die neue Wohnung auf Hochglanz gebracht – was da zusammen mit den Möbeln an Dreck hereinspaziert kommt, ist unbeschreiblich! Aber auch die alte Wohnung bedrückte einen tief, als man sie zum Schluß so ganz ohne Bilder, Möbel und Vorhänge sah: Hat man wirklich mit so schmutzigen Tapeten gelebt? Können nicht nur echte Ferkel so viel Staub und Spinnweben hinter den Schränken gehabt haben? Sieht man nicht dort, wo einst die Bilder hingen, in welch makellosem Zustand sich die Wohnung befand, als man sie übernahm? Wie lange hat wohl die mumifizierte Maus unter dem Kellerregal geweilt? Ganz sicher gibt es Hausfrauen, bei deren Auszug es anders aussieht – getroffen habe ich allerdings noch keine.

Die letzten Verhandlungen mit den Möbelleuten gehen ums Trinkgeld. Die Firma hat einem zwar Richtlinien gegeben, aber es hat sich herumgesprochen, daß die Umzugsmänner diese Richtlinien offenbar nicht kennen. Zufrieden sind sie jedenfalls nicht damit, und die markigen Worte eines dieser starken Männer, der das Geld für die Mannschaft ausgehändigt bekam: „Ist das für einen?" sprechen jedenfalls gegen diese Richtlinien. Nun könnte einem ja an sich nichts mehr an der guten Meinung der Möbelmänner liegen, nachdem sie ihren harten Dienst beendet haben – irgendwie möchte man aber doch, daß sie, die Helfer und Genossen schwerer Stunden, zufrieden abziehen. Also greift man tief in seine Tasche, meist tiefer, als es die ohnehin durch den Umzug ruinierten Finanzen erlauben, und ärgert sich anschließend und tagelang über sich selbst.

Und ein Vierteljahr später hat man immer noch kein rechtes Verständnis dafür, wenn ein kleiner Hausgenosse mit tiefer Sehnsucht in der Stimme fragt: „Wann ziehen wir denn endlich mal wieder um?"

Auf dem Bildschirm müßte man seinen Beruf ausüben!

Fast traue ich mich kaum, es einzugestehen: In meiner ganzen Laufbahn als Journalistin habe ich kein einziges Verbrechen aufgeklärt. Das lag aber sicher nicht nur an mir, sondern auch an der Spießigkeit meiner Vorgesetzten, die ganz sicher nicht das geringste Verständnis dafür aufgebracht hätten, wenn ich mitsamt Fotografen drei Tage lang auf Verbrecherjagd gegangen wäre, statt vermischte Nachrichten zu schreiben, mir die Prüfung der Gebrauchshunde anzuschauen oder zur Einweihung der neuen Hals-Nasen-und-Ohrenklinik zu gehen und all die anderen Dinge wahrzunehmen, die nicht entfernt so interessant sind wie der Kampf gegen Ungerechtigkeit und Verbrechen. Andererseits muß ich meinen Chefs aber auch zugestehen, daß die Auflage der jeweiligen Zeitschrift oder Zeitung gar nicht daran dachte, gleich sprunghaft in die Höhe zu schnellen, wenn die Aufklärung irgendeines Mordes im Blatte stand, daß aber die Teilnehmer der Gebrauchshundeprüfung sicher tief enttäuscht gewesen wären, wenn sie von ihrer Veranstaltung am folgenden Morgen nichts in der Zeitung gefunden hätten. Da ist eben im Fernsehen alles besser, und man möchte die dort in Unterhaltungssendungen und Serien gezeigten Kollegen so recht von Herzen beneiden, wenn man sieht, welch schöner Beruf der Journalismus sein kann. Ich bin allerdings auch nie von Gangstern bedroht worden, und selbst bei meinen männlichen Kollegen gehörte das – so beschämend es zuzugeben ist – durchaus nicht zum täglichen Brot. Ja, hier muß ich etwas Schlimmes für den ganzen Berufsstand eingestehen: Keiner von denen, die ich kenne, hat je einen Ganoven k.o. geschlagen! Ganz im Gegensatz zu jenen harten Burschen auf dem Bildschirm, die in ihrer Dienstausübung als Reporter zuweilen hübsch zulangen!

Aber auch auf andere Berufe bekommt man beim Fernsehen so rechte Lust – vorausgesetzt natürlich, daß alles so abläuft wie auf dem Bildschirm. Tierarzt zum Beispiel wäre fein, obwohl man natürlich den Nachteil in Kauf nehmen müßte, nach längerer erfolgreicher Praxis mit lauter uralten Patienten zu tun zu haben, weil einem nie ein einziges Tier stirbt. Im Gegenteil: ein Blick – und schon ist die richtige Diagnose gestellt. So, wie es in der häßlichen Wirklichkeit schon einmal geschieht, daß ein Hündchen oder eine Katze dahinkümmert, ohne daß man so recht herausfindet, was nun eigentlich los ist, oder daß man gar Bescheid weiß, aber trotzdem dem Patienten nicht so recht helfen kann, das gäbe es beglückenderweise nicht, und wenn auch die Lieblingskuh des armen Bauern oder die hoffnungsvolle Stute des fast bankrotten Züchters sich sehr schwer tut mit der Geburt – schließlich könnte man doch beim abschließenden Händeabtrocknen, was, wie jeder Fernseher weiß, das Ende der Geburt bedeutet, erleichtert sagen: „Ein prächtiges Fohlen!" oder „Ein tüchtiges Kalb!"

Als Arzt für Menschen, was auch ein sehr eindrucksvoller Beruf auf dem Bildschirm ist, würde man „Ein prächtiger Junge!" sagen und mit ein paar passenden Worten auch gleich die Ehe der jungen Mutter wieder in Ordnung bringen. Die Operationen, die man in Angriff nähme – und wären sie noch so schwierig –, gingen natürlich immer gut aus, es sei denn, man habe jemanden unter dem Messer, für den ohnehin ein sanfter Tod das beste wäre, oder man brauche einen Mißerfolg zur Läuterung des eigenen Charakters. Allerdings muß man mit Schwierigkeiten in der eigenen Familie rechnen: Wenn man dauernd seine junge, schöne Frau zu Hause sitzen läßt, anstatt mit ihr, wie versprochen, zur Oper zu fahren, weil es schon wieder um Leben und Tod geht, wird sie schließlich Anfechtungen verfallen. Aber der große Fernsehchirurg bringt zwischen zwei Operationen auch eine solche drohende Katastrophe wieder in Ordnung.

Die Putzfrauen auf dem Bildschirm gefallen mir auch sehr. Zwar möchte ich nicht so wie sie sein, aber gerne eine von ihnen haben. Unverdrossen putzen und putzen sie, geben kernigen Volksmund von sich, sind selbstlos um das Wohl ihrer Arbeitgeber besorgt und haben das Herz auf dem rechten Fleck. Keine Rede davon, daß sie höheren Stundenlohn verlangen, ohne Entschuldigung ausbleiben, mit dem Auto abgeholt werden wollen oder gar wortlos die Stelle wechseln. Sie sind echte, ungeschliffene Edelsteine, genauso wie die Fernseh-Gärtner, die unverdrossen werkeln, schöne Sprüche über Menschen und Pflanzen wissen, um weisen Rat nie verlegen sind und überhaupt so etwas Liebes und Sinniges an sich haben, ganz im Gegensatz zu der in der rauhen Wirklichkeit für mich tätigen Gartenbaufirma, mit der ich Krach wegen eines Zaunes bekam, in dessen Verlauf kein Mensch sagte: „Der Mensch ist wie ein junger Baum..." oder so etwas.

Eine Bardame wie auf dem Bildschirm hingegen möchte ich lieber nicht sein. Zwar würde ich dann phantastisch aussehen, aber immer als Quelle zur Aufklärung von Verbrechen zu dienen halte ich doch für etwas entnervend. Ganz davon abgesehen, daß die Sterbequote der Fernsehbardamen unwahrscheinlich hoch ist, so daß sie eigentlich mit gutem Recht auf einer äußerst hohen Gefahrenzulage bestehen könnten, wenn man bedenkt, wie oft sie vor den entscheidenden Aussagen tot aufgefunden werden! Nein, dann schon lieber Flugkapitän! Bei denen weiß man doch wenigstens, daß sie mit ehernem Gesicht selbst unter aussichtslosen Bedingungen das Passagierflugzeug sicher zur Erde bringen und immer am Leben bleiben. Sie haben es aber auch nicht anders verdient, denn so etwas fabelhaft Anständiges und Männliches wie Flugkapitäne gibt es auf dem Bildschirm nicht zum zweiten Male – es sei denn die Väter in den Familien-Serien. Dabei fällt mir übrigens ein, daß es auch herrlich sein muß, im Wilden Westen eine Farm zu haben: Man hat tagtäglich die aufregendsten Dinge zu tun – nur um die Bewirtschaftung von Boden und Vieh braucht man sich überhaupt nicht zu kümmern.

Wir schaffen uns kein Fernsehen an!

Das schrille Geschrei, das zur Zeit von der Straße herein-
dringt, wird nicht etwa, wie man es nach dem Augenschein
annehmen könnte, von drei kleinen Mädchen ausgesto-
ßen, sondern es handelt sich hier um Adam, Hoss und
Little Joe, die gerade dabei sind, hinter irgendwelchen bösen Gesellen herzureiten und ihnen das Lösegeld für Pa
abzujagen. Die Eltern von Adam und Hoss haben kein
Fernsehen, weil, wie sie sagen, es den zarten Kinderseelen
schadet, wenn sie all die Eindrücke verarbeiten müssen,
mit denen sie der Bildfunk überschüttet, beispielsweise in
den Wildwest-Serien. Also bekamen Adam und Hoss statt
dessen je eine Blockflöte, der sie seitdem von Zeit zu Zeit
höchst unlustig jammervolle Töne entlocken. „Bonanza"
aber sehen sie bei uns mit gewissenhafter Regelmäßigkeit.
Übrigens mit Genehmigung der Eltern, die es bei aller
Konsequenz doch nicht fertigbringen, ihre Kinder von all
dem fernzuhalten, was heutzutage in der Konversation
unserer lieben Kleinen eine solche Rolle spielt. Tiefer Ver-
achtung würde doch das Schulkind anheimfallen, das es
nicht versteht, sich als quiekender Flipper auf dem Fußboden zu schlängeln oder als einer der Brüder Cartwright
über die Ponderosa zu sprengen, ganz zu schweigen von
den Taten der Veteranen Lassie und Fury, deren Herrchen
von einer Verlegenheit in die andere geraten. Und um so
richtig mitreden zu können, muß manch kleiner und großer Schwindel die zarten Kinderseelchen jener Kleinen
belasten, deren Eltern aus pädagogischen Gründen kein
Fernsehen im Hause haben.

Ich weiß nicht, ob Sie auch schon die Beobachtung gemacht haben: Viele von den Leuten, die sich aus Prinzip kein Gerät anschaffen wollen, sind die geborenen Pädagogen! Nicht, daß sie etwa sagen würden, daß sie keine Lust und keine Sehnsucht nach den Darbietungen verspüren, nein, sie begründen die Sache zumeist moralisch: Einmal sind es natürlich immer wieder die Kinder, die vor dem Moloch geschützt werden müssen; dann führt – wie überall beobachtet – das Fernsehen zu einer ungeheuren Verarmung des Familienlebens; außerdem ist alles so primitiv gemacht, daß es sich für einen denkenden Menschen nicht lohnt, auf eine so wertlose Sache Zeit zu verschwenden; schließlich ist natürlich eine gewisse Verrohung und Verflachung des Zuschauers auf die Dauer unausweichlich, weil an Instinkte gerührt wird, die man besser in Ruhe ließe, und endlich: für edle Dinge, als da sind Hausmusik, gute Bücher, Theater und Konzert, bleibt keine Zeit. Peinlich berührt – denn man hat ja schließlich seit Jahr und Tag selbst Fernsehen –, hört man sich diese von hohem Verantwortungsbewußtsein geprägten Worte an. Sind wirklich unsere Kinder verdorben? Ist unser Familienleben verarmt, unser Geschmack verflacht und verroht? Ein etwas bedrückender Gedanke. Und es ist nicht gut möglich, diesen strengen Menschen zu beweisen, daß es um unseren Geschmack doch nicht so ganz verheerend bestellt ist, daß wir mit dem eigenen Mann immer noch Gespräche führen, daß unsere Instinkte noch nicht ins Kraut geschossen sind. Man möchte auch nicht den Finger heben und demütig sagen: „Ich war aber ganz bestimmt noch in der vorigen Woche im Konzert und habe auch ein kluges Buch über die deutsche Romantik gelesen!"

Leute, die kein Fernsehen im Hause dulden, sind offensichtlich sehr häufig von der Vorstellung geplagt, diese Art der Unterhaltung ließe sich nur an-, aber nimmermehr abstellen. Dabei ist doch der abgebrühte Fernseher imstande, rigoros jeder großen Tragödin das schicksalsträchtige Wort vom Munde abzuschneiden, während man den Fernsehgegner, der dies Vergnügen gewöhnlich meidet, dabei erwischt, daß er noch nicht einmal den Blick von Frau Saubermann wenden kann und fasziniert dem fröhlichen Treiben der Mainzelmännchen zuschaut. Auch sonst ist er eindeutig unterlegen: Er hat keine Ahnung davon, wie es unter amerikanischen Gangstern zugeht, und ist infolgedessen nicht darauf vorbereitet, daß jedermann, der ohne Vorsichtsmaßnahmen sein eigenes Hotelzimmer betritt, k.o. geschlagen wird. Auch daß Verbrecher vom Dach zu fallen pflegen, während die Guten auch bei den schlimmsten Ausrutschern noch einen Anhaltspunkt finden, ist ihm unbekannt.

Es gibt kaum Leute, die, wenn sie auch das Fernsehen im eigenen Hause ablehnen, nicht doch zuweilen Konzessionen machen und einräumen, daß auch der gebildete Mensch davon profitiert, wenn auf dem Bildschirm die Philharmoniker Musik machen, das Burgtheater spielt oder Chagall malt. Der große Triumph aber für die leichtfertigen Gewohnheitsfernseher geschieht dann, wenn unversehens der Fernsehfeind etwa in ein spannendes Kriminalstück gerät und nach der Einladung für die nächste Fortsetzung schmachtet. Und wenn wir diese Einladung bar jeder Großmut nicht aussprechen, hören wir vielleicht einmal später von Tante Anni, daß – denk doch mal – zufällig gerade beim dritten Teil vom Fortsetzungskrimi Walther vorbeikam und in seiner so rücksichtsvollen Art unbedingt darauf bestand, daß sie sich den Krimi in Ruhe zu Ende anschauen sollte!

Vollschl. Blondine, jgdl. Ersch., warmh., m. Esprit, s. verm. Partn.

Was es doch für Schicksale in dieser Welt gibt! Da existiert beispielsweise ein schönes, schlankes, junges Mädchen, das über ein beträchtliches Vermögen verfügt, Auto fährt, Musik liebt und allem Schönen aufgeschlossen ist. Modern ist es auch und dazu noch anschmiegsam. Aber irgendwie lastet ein Verhängnis über ihm, denn es findet und findet offensichtlich keinen Mann und ist doch schon ganze zwanzig Jahre alt. Das muß wirklich zum Verzweifeln sein! Oder der junge Mann aus gutem Hause – einsachtzig groß, schlank, gut aussehend, einziger Erbe eines beträchtlichen Vermögens, Sportwagenfahrer, Liebhaber guter Bücher und gepflegter Geselligkeit, intelligent und zuverlässig –, man sollte doch meinen, daß sich die Mädchen nur so darum reißen, ihn zu heiraten. Aber obwohl er schwung- und humorvoll ist, scheint auch bei ihm nicht alles nach Wunsch zu gehen bei seiner offenbar dringenden Brautschau – warum müßte er sonst genau wie die obengenannte Dame in der Zeitung nach dem Eheglück suchen? Merkwürdig, andere junge Männer, die nur halb so viele rühmenswerte Eigenschaften besitzen, haben eher Mühe, sich der Heiratskandidatinnen zu erwehren!

Man liest die Anzeigenseite und grübelt darüber nach, welch widrige Geschicke hier wohl am Werke sind. Oder sollte vielleicht für den Fall, daß man sich als Kandidat für die vermögende junge Schöne oder den schlanken Sportwagenfahrer melden würde, eine freundliche Vermittlung antworten, daß diese beide dank erfolgreicher

Vermittlung nicht mehr erhältlich wären, daß man aber statt dessen zu einer lebensbejahenden fünfunddreißigjährigen Berlinerin (jünger aussehend!) mit Aussicht auf späteres Vermögen oder zu einem pensionsberechtigten Eisenbahner, Naturfreund, Vegetarier oder Radwanderer raten könne? Ein tiefes Rätsel offenbar. Rätselhaft ist auch, warum der gesunde selbständige Geschäftsmann, der Campingfreund ist und gern diskutiert, als einzige Bedingung für seine zukünftige Frau nur verlangt, daß sie ein liebes Mädel und Nichttänzerin ist. Man sieht es förmlich vor sich, wie der arme Campingfreund bisher dauernd von bösen Mädeln zum Tanze geschleppt wurde, wie er sich gesträubt haben muß, der Ärmste, und wie er gelitten hat, wenn er immer wieder welche kennenlernte, die solche Zumutung an ihn stellten! Und der Unternehmer, der keine weitere Einzelheit seiner Persönlichkeit preisgibt und eine Unternehmerin im Ausland sucht zwecks späterer Heirat, was hat er vor? Will er gern ein internationaler Doppelunternehmer werden, oder schmiedet er dunkle Steuer- und Kapitalfluchtpläne? Da lobt man sich doch die Witwe, die bei gesichertem Lebensabend sich und einen einfühlsamen Partner der Einsamkeit entheben möchte, oder den gesch. Gastwirt, der für seine vier Kinder liebevolle Mutti mit Branchenkenntnissen sucht. Auch die vollschl. Blondine, jugendliche Erscheinung, warmherzig, m. Esprit, die verm. Partner sucht, ist ein klarer Fall. Aber warum will der Medizinstudent im dritten Semester unbedingt eine charakterfeste Frau? Vielleicht säuft er, vielleicht ist er faul, vielleicht ist er auch nur das Mensaessen leid. Und warum will die besorgte Tante jetzt schon ihre bildschöne achtzehnjährige Nichte verheiraten? Liegt ihr das Mädchen auf der Tasche, oder muß sie unbedingt in feste Hände übergeben werden? Menschliche Schicksale zeichnen sich hinter den dürren

Worten mit den vielen Abkürzungen ab. Der Vegetarier, der einen nichtrauchenden Skorpion sucht (keinesfalls Minirock), und die Lehrerin, die in Gemeinschaft die Dinge hinter dem äußeren Schein diskutieren will (man kann sie sich lebhaft vorstellen!) – vielleicht finden sie gar einander.

Überhaupt kann man bei aufmerksamem Studium der Annoncen immer wieder Paare kombinieren. Aber auch sonstige Erfahrungen werden einem beschert: Es wimmelt in dieser Welt von eleg., liebev., schlanken, warmherz. charm., humorv., gepflegten, geb., attraktiven Damen, von gut ausseh., charakterf., sportl., aufgeschlossenen, soliden, häusl., vielseitig interess., verm. Herrn von hohem Niveau und jugendl. Erscheinung. Vermögen sind zwar angebracht, aber nicht Bedingung, und wenn doch, dann nur aus Gründen der Gleichstellung. Und wenn man nur sonst einen guten Charakter und das passende Alter hat, wird immer wieder Einheirat geboten. Überhaupt sollte man, wenn man einmal unter dem Eindruck steht, daß einen die Umwelt nicht richtig schätzt, ruhig bei der Lektüre von Heiratsannoncen feststellen, daß man leicht noch etwas Gutes und Besseres findet: den verm., charaktervollen Kavalier der alten Schule etwa oder den wohlh., sportlichen Fabrikanten, der aufgeschloss. Partnerin die Schönheiten der Welt zeigen will. Und wenn man gar bereit ist, weiteren drei Kindern eine gute Mutti zu sein, eine frohe Wandergenossin zu werden, das Rauchen zu lassen und das Paddeln zu lernen, ergeben sich noch ungeahnte Möglichkeiten, ein neues Leben anzufangen.

Wenn da nur nicht die bedrohliche Konkurrenz all der vermögenden, jugendlichen Erscheinungen mit Charme, Herz, Anmut und Esprit wäre, die dazu noch eine Einheirat in ein lohnendes Familienunternehmen zu bieten haben – vom eigenen Reitpferd ganz zu schweigen!

„Typisch Frau am Steuer!"

Als meine Mutter sich in grauen Vorzeiten an das Steuer eines Autos setzte, war sie eine solche Rarität, daß der Schutzmann auf dem Platz, an dem sie allmorgendlich vorbeikam, beunruhigt nach ihr Ausschau hielt, wenn sie sich einmal verspätet hatte, und erleichtert salutierte, wenn sie dann doch noch kam. Da hat sich inzwischen doch manches geändert, denn eine Rarität ist die autofahrende Frau ganz gewiß nicht mehr. Leider ist sie aber immer noch weit entfernt davon, am Steuer gleichberechtigt zu sein. Wie wäre es sonst zu erklären, daß jeder Schnitzer, der einer Frau am Steuer unterläuft (Blinken vergessen, bei Grün an der Ampel ins Gespräch vertieft stehenbleiben, tagsüber mit Licht fahren, den Motor abwürgen, ungeschickt parken, allzu plötzlich bremsen und was der üblichen Delikte mehr sind), zunächst einmal mit den Worten kommentiert wird: „Typisch Frau am Steuer!" Das ist einfach beleidigend und viel kränkender, als würde man mit dem üblichen „Rindvieh", „Hornochse" oder „Sonntagsfahrer" bedacht, mit denen sich die Männer untereinander bei genau den gleichen Gelegenheiten beschimpfen. Kein Mensch würde je auf den Gedanken kommen, einem Mann, der rechts blinkt und links einbiegt, „Typisch Mann am Steuer!" nachzurufen, und kein Mensch würde auch im Ernst behaupten, daß Männer gegen solche motorisierten Fehltritte immun sind.

Also, was hat das mit der Weiblichkeit zu tun, wenn, wie bei mir beispielsweise, das Auto eine Zeitlang trotz aller damit beschäftigten Fachkräfte die Neigung verspürte, im Leerlauf wegzubleiben? Das kann dem stärksten Mann passieren.

Zugeben muß man allerdings, daß es mehr Männer gibt, die ein Auto, das aus unerfindlichen Gründen überhaupt nicht mehr fahren will, wieder in Gang kriegen, als Frauen. Deshalb hat es sich auch bewährt, in solchen Fällen am besten gar nichts anzurühren, sondern nur die Motorhaube zu öffnen und hineinzuschauen, was von hilfreichen Männern zumeist ganz richtig als SOS-Ruf gedeutet wird. Bei aller Dankbarkeit fällt einem in solchen Fällen zuweilen das „Dann wollen wir mal der armen kleinen Frau hilfreich unter die Arme greifen"-Gehabe auf die Nerven, und ein ganz klein wenig freut's einen unter Umständen sogar, wenn der so gönnerhafte Helfer schließlich auch ratlos dem verborgenen Schaden gegenübersteht. (Allerdings muß in einem solchen Fall bald ein anderer Helfer vorbeikommen.) Daß es übrigens stets die erste Frage eines hilfreichen Herrn an eine stehengebliebene Dame ist: „Hat er auch noch Benzin?", ist eigentlich ebenfalls ein wenig beleidigend, wenn auch bei mir, wenigstens in einem Falle, wie ich zu meiner Schande eingestehen muß, berechtigt.

Ganz im argen liegt es mit der Gleichberechtigung in vielen Familien mit einem gemeinsamen Auto, das häufig in schöner Selbstverständlichkeit sein Auto ist und mit dem sie, wenn sie Glück hat, hin und wieder nach vielen langen Ermahnungen auch einmal fahren darf, obgleich er es schließlich war, der den Vorgänger gegen einen Baum gesetzt hat. Und manche Frau, die zufällig einmal ihren Mann chauffiert, fühlt sich in die Zeiten ihrer allerersten Fahrstunden zurückversetzt, nur daß der Fahrlehrer alles ein wenig netter sagte und ihr ab der zehnten Stunde zutraute, eine Vorfahrtsstraße selbständig als solche zu erkennen. Und dann ist da noch die Sache mit den Kratzern. Natürlich ist jeder Kratzer eine ärgerliche Sache und ganz besonders ärgerlich, wenn er einem bis dahin noch jungfräulichen Lack zugefügt wird. Trotzdem kann man kaum verstehen, daß es heutzutage immer noch Frauen gibt, die Angst davor haben, ihrem Mann einzugestehen, daß sie das gemeinsame Auto ein wenig knapp in die Garage gesetzt haben, und die es schlucken, wenn ihnen daraufhin erst einmal die Fahrerlaubnis entzogen wird. Als ob so etwas dem Herrn noch nie passiert wäre! Verkehrspolizisten wissen ein Lied davon zu singen, wie Frauen nach einem noch so kleinen Unfall als erstes erschreckt ausrufen: „Was wird bloß mein Mann sagen, wenn er das Auto sieht!" Und es soll sogar schon vorgekommen sein, daß ein weichherziger Polizist sich durch das Argument „Mein Mann schimpft dann immer so!" abhalten ließ, ein Protokoll auszustellen, was zwar für die Nettigkeit dieses Polizisten, aber nicht für die Emanzipation der Frau spricht.

Frauen, die es gewohnt sind, selbst ein Auto – wenn es auch noch so winzig klein und uralt ist – zu fahren, sollten sich vergewissern, worauf sie sich einlassen, ehe sie eine Ehe mit einem gemeinsamen Auto eingehen. Selbst die nettesten Männer sind dann unter Umständen die ekelhaftesten Tyrannen, wenn's um ihr Auto geht. Anstatt sich darüber zu freuen, daß die geliebte Frau unversehrt ist, können sie sich ungeheuerlich wegen ein paar ganz kleiner Beulen am Wagen anstellen. Auch vergessen sie völlig, daß jeder (selbst der männliche Superautofahrer!) immer schlechter fährt, je mehr ihm dreingeredet wird. Solche Tendenzen sollte die gleichberechtigte Frau am Steuer gar nicht erst einreißen lassen. Sonst ist sie plötzlich nur noch gleichberechtigt, wenn sie ihn nachts nach Partys heimfahren darf oder wenn das Auto zur Inspektion soll, wo der Rückweg per Bahn zurückgelegt werden muß.

Soll das ein Kompliment sein?

Eigentlich sind Komplimente dazu da, dem, dem sie serviert werden, eine Freude zu machen. Aber uneigentlich gelingt diese löbliche Absicht nicht immer vollkommen, ja im Gegenteil: Die lobenden Worte verursachen häufig tiefes Unbehagen. Was soll man beispielsweise mit dem begeisterten Ausruf „Heute siehst du aber mal blendend aus!" anfangen? Natürlich beginnt es sofort in einem zu rumoren: Ja, und sonst, wie sehe ich denn sonst aus? Etwa wie eine Schreckschraube? War mein Haar nicht in Ordnung? Oder war es das alte graue Kostüm? Was, um Himmels willen, kann er oder sie damit meinen? Vielleicht meint er oder sie überhaupt gar nichts damit, aber das kann man leider nie so ganz genau wissen. Auch die – hoffentlich – gutgemeinte spontane Feststellung „Sie sind aber schlank geworden!" freut einen nicht uneingeschränkt, selbst wenn man stolz auf fünf abgehungerte Pfunde sein kann. Denn so fett, daß es den Leuten auffiel, war man schließlich noch nicht! Was heißt überhaupt „geworden"?

Man ist nämlich, auch was die Vergangenheit betrifft, empfindlich. Von sich selbst kann man etwa sagen, daß man ein unscheinbarer Backfisch war, aber von anderen hört man doch viel lieber, daß man auch damals schon etwas Apartes an sich hatte. Deshalb ärgert einen auch das Kompliment der zweitbesten Freundin, man habe auf eine fabelhafte Art in den letzten Jahren seinen Kleiderstil herausgefunden. Sofort rebelliert es in einem: Und früher? Nun ja, man hatte früher nicht genügend Geld, und ganz früher hatte man erst recht nichts – jedoch das schwarze Kleid mit den weißen Pikeeaufschlägen und das blaue mit dem Glockenrock und das grüne Samtkleid und ... und ... und, das waren doch große Erfolge! Aber sagen kann man eigentlich so recht nichts auf dieses zweifelhafte Kompliment. Das klänge zu sehr nach gekränkter Eitelkeit.

Komplimente über die nächsten Angehörigen geben auch oft Anlaß zu unangenehmen Überlegungen. Von unserem wundervollen Baby, das in unseren Augen von Geburt an ein wahres Musterexemplar war, bekommen wir zu hören, daß es sich aber in den letzten Wochen fein herausgemacht habe; von unserem Mann, daß er neulich abends so unterhaltend und liebenswürdig gewesen sei, wie man gar nicht geahnt hätte, daß er sein könne; und über unseren Sohn hören wir, daß er am vergangenen Sonntag wirklich einmal sehr wohlerzogen und höflich gewirkt habe. Und das gewiß sehr gut gemeinte Kompliment, man wirke mit seiner Tochter zusammen wie ein Schwesternpaar, gefällt wieder der Tochter nicht. Bei aller Liebe! Welches junge Mädchen sieht schon gern aus wie die Schwester seiner Mutter? Auch hören nicht alle Leute ihren Papa gern „ein herrliches Original, wie es das heute kaum noch gibt" nennen. Komplimente sollten also wirklich überlegt werden. So war auch die Besitzerin einer funkelnagelneuen Wohnung nicht eben glücklich darüber, daß die Besucherin, die sie darin herumführte, immerzu begeistert „Was für eine entzückende Puppenstube!" ausrief. Und beim Vorzeigen eines neuen Kleides erwartet man auch etwas anderes als den Lobspruch: „Sie mit Ihren gesunden Farben können eben alles tragen!"

Manchmal verläuft eben die Grenze zwischen Kompliment und Bosheit schwimmend, so daß man nicht weiß, ob man darüber lächeln oder zurückstechen soll. Bezaubernd freundliche Dialoge, in denen man sich die reizendsten zweischneidigen Komplimente macht, finden zuweilen unter Damen statt, während vielleicht deren Männer wohlwollend dabeistehen und hinterher ahnungslos bemerken: „Wie nett, daß du dich mit der Frau von Peter so gut verstehst!" Ich entsinne mich da beispielsweise an ein Gespräch, das mit den Worten begann: „Ach, da hast du ja wieder die reizenden roten Schuhe an, die mir im vorigen Sommer schon so ausnehmend gut gefielen…" und das mit der Feststellung endete, daß die Bewunderin der Schuhe im Gegensatz zu ihrem Manne, den sie ein bißchen pflegen müsse, wirklich wieder aussähe wie das blühende Leben in Person – so richtig ausgeruht! Auch Harmlosigkeit des Gemüts kann zu zweideutigen Komplimenten führen. Der begeisterte Kommentar beim Betrachten alter Fotos: „Waren Sie aber hübsch, als Sie jung waren!", die Bemerkung beim Aufstellen eines geschenkten Gummibaumes: „Jetzt ist es aber bei Ihnen richtig wie bei feinen Leuten!" erheitert eher. Ein sehr schönes Kompliment bekam ich neulich, als ich ohne Hilfe war und die Putzhilfe einer Freundin einsprang. Die Dame kam mit einem Eimer voll Müll aus dem Kinderzimmer und sagte begeistert: „Bei Ihnen putze ich wirklich gern. Hier lohnt es sich doch wenigstens!"

Wenn mir übrigens jemand sagt, mein vorletzter Artikel sei aber mal wirklich nett gewesen, dann freue ich mich auch nicht uneingeschränkt!

Hätten Sie mir doch nur ein Wort gesagt!

Sicher haben Sie es auch schon nicht ohne Erbitterung erlebt: Da hängen also vor Ihren Fenstern – um nur ein Beispiel zu nennen – die nagelneuen Vorhänge. Entzückende Vorhänge und genau das, was Sie haben wollten. Sie haben sich diese Anschaffung wochenlang überlegt, haben fast alle einschlägigen Geschäfte abgeklappert, eine fast schlaflose Nacht erlitten bei dem Gedanken, ob das Himmelblau wohl zu dem Blau des Teppichs passen würde, und sich schließlich mutig entschlossen. Einer Ihrer Besucher aber, dem Sie stolz die Pracht zeigen, meint: „Ach, hätten Sie mir doch nur ein Wort gesagt, das hätte ich Ihnen zum Einkaufspreis besorgen können!" Oder aber: endlich, endlich, nach monatelangem Herumsuchen, ist es Ihnen gelungen, einen fähigen Tischler zu finden, der Ihnen ihre alten Möbel restaurieren und aufpolieren will. Nun sitzen Sie auf Küchenstühlen und warten – hoffentlich nur – wochenlang, bis die neuaufgeputzten Sitzmöbel wieder zurückkehren. Und da erzählt Ihnen prompt jemand: „Wir haben dafür den alten Hansemann. Der ist immer ganz selig, wenn er mit schönen alten Sachen zu tun haben kann. Außerdem kommt er sofort ins Haus, und wenn Sie ihm eine ordentliche Suppe kochen, nimmt er fast nichts mehr dafür. Hätten Sie mir doch nur ein Wort gesagt!"

Andere Leute können es also offensichtlich besser. Sie haben einen getreuen Stamm von Handwerkern, der immer auf dem Sprung ist, zu kommen, sie haben haufenweise Männer zum Schneeschippen, Holzhacken und Umgraben, die alle merkwürdigerweise den Wert des Geldes kaum kennen, und wenn sie etwas kaufen wollen, so gehen sie in einen ganz bestimmten Laden zu einem ganz bestimmten Fräulein, die es dann so quasi herschenkt. Manchmal hat man das Gefühl, der letzte Mensch auf der Welt zu sein, der regulär in ein Geschäft geht und den richtigen Preis bezahlt. Allerdings wundert es einen dann immer wieder, daß man dort doch eine ganze Menge Menschen trifft, die sichtlich das gleiche tun. Der Fehler, den man macht, ist wohl der, daß man nicht immer allen Leuten erzählt, was man so plant. Denn immer, immer wieder bekommt man erst hinterher zu hören: „Ja, hätten Sie mir nur etwas gesagt, dann hätte ich Ihnen durch meinen Vetter das Heizöl für neun Pfennig besorgen können ... dann hätte unser junger Mann Ihren Rasen gleich mit in Ordnung gebracht ... dann hätten Sie auch umsonst mit nach Düsseldorf fahren können ... dann hätte Fräulein Müllerhoff Ihnen das Kleid schon zum Ausverkaufspreis verschafft ..." Zu spät! Immer zu spät!

Da man durch Schaden klug wird, beschließt man, sich diese Tips zu merken, damit man nicht immer hinter all den andern Leuten, die es so viel besser können, zurückstehen muß. Aber ach, wenn man versucht, nun auch in den Genuß des alten Hansemann zu kommen, der so leidenschaftlich gern an alten Möbeln bastelt und noch immer fünf Mark für schrecklich viel Geld hält, dann ist seine Adresse gerade verlegt, oder aber er ist zur Zeit leidend, oder er hat ausnahmsweise jetzt mal keine Zeit. Und wenn man ihn schließlich nach langem Warten doch bekommt, muß man feststellen, daß er inzwischen auch von der Schlechtigkeit der Welt angesteckt ist und gesalzene Preise verlangt, obwohl man ihn doch mit herrlichen Süppchen bekocht hat. Und dem guten Fräulein Müllerhoff bei den

Modellkleidern kann man noch soviel herzliche Grüße von den Leuten, die einem den Tip gegeben haben, bestellen – sie freut sich zwar, aber das ist auch alles. Das Wort „Ausverkauf" kommt, trotz aller versteckten Hinweise unsererseits, nicht über ihre Lippen. Wie sollte es auch, so mitten in der Saison? Aber bei den anderen Leuten funktioniert die Sache. Bei ihnen ist auch stets der Teppich aus dem Orient zum Spottpreis geschmuggelt. Die antiken Möbel fanden sie bei dem letzten Bauern, der noch nicht wußte, was er da hatte. Der Kühlschrank ist ein mehr als stark herabgesetztes Exemplar einer zwar auslaufenden, aber bewährten Serie. Der wertvolle Rassehund wurde zum Selbstkostenpreis vom tierlieben Förster hergeschenkt, und die wundervollen großen Rhododendronbüsche, die ein Vermögen kosten, bekamen sie für einen Kasten Bier auf einem Abbruchgrundstück. Natürlich haben sie auch eine Nase für Dinge mit ganz kleinen, kaum sichtbaren Fehlern, die dadurch spottbillig sind und einem fast nachgeworfen werden. Man wird wirklich geneigt, sich selbst für einen absoluten Versager auf dem Gebiete der Marktforschung zu halten.

Es würde mich sehr trösten, wenn es Ihnen auch so ginge. Ich habe beispielsweise einen Rasenmäher kaufen müssen, ohne dabei den geringsten Vorteil zu ergattern. Man wagt es kaum zu erzählen!

Sind Sie auch so zart besaitet?

Der Sage nach brach sich ein Onkel von mir als kleiner Junge einmal seine beiden Schlüsselbeine. Das muß ihm große Schmerzen bereitet und ihn dicke Tränen gekostet haben. Aber seine Leiden waren nicht umsonst: für den Rest seines Lebens – und das währte und währt noch viele Jahre – ging ihm der Ruf voraus, daß es ihm auf Grund dieses Unfalls leider nicht möglich sei, etwas Schweres zu heben oder zu tragen. Fand ein Umzug statt, so übernahm er die mehr geistige Arbeit des Anordnens, und andere rückten die Möbel, ging man auf Reisen, so fand sich immer eine mitleidige Seele, die dem leichtbeschwingt Einherschreitenden die Koffer nachschleppte, und in harten Kriegs- und Nachkriegszeiten mußte er über die Tatsache hinweggetröstet werden, daß es ihm leider nicht vergönnt war, die doch so notwendigen Kohlen- oder Kartoffelsäcke zu transportieren.

Solche schonungsbedürftigen Menschen gibt es eine ganze Menge, und manchmal ist es doch recht zweifelhaft, ob nicht im Laufe der Jahre manches Schlüsselbein verheilt sein könnte – kann man doch als Junge mit einem gebrochenen Schienbein offensichtlich meist schon nach einem Vierteljahr wieder prächtig Fußball spielen. Zuweilen ist auch die Heilung auf eine merkwürdige Art nur teilweise gelungen. So erinnere ich mich an eine Blinddarmnarbe, die stundenlanges Tennisspielen vorzüglich vertrug, aber entsetzlich zu schmerzen begann, wenn sie durch Geschirrabtrocknen oder das Ausfegen eines Zimmers strapaziert werden sollte. Für die Mitmenschen stellt ein so gearteter medizinischer Fall ein hartes Problem dar, denn wer weiß, ob nicht wirklich die Handhabung eines Besens auf geheimnisvolle Art negativ auf Blinddarmnarben wirkt? Und welcher Ehemann, der gerade mit seiner Frau energisch über ein unangenehmes Thema reden wollte, weiß, ob sie nicht vielleicht tatsächlich von einem plötzlichen Anfall entsetzlicher Kopfschmerzen geplagt wird, wie sie es gequält und mit fast ersterbender Stimme behauptet?

Die Fähigkeit, mit ersterbender Stimme von seinen Leiden berichten zu können, verschafft sicherlich zarten Gemütern einige Vorurteile über die weniger zarten, die nur in normalem Tonfall von ihren Kopfschmerzen zu berichten vermögen. Es macht viel mehr Eindruck, und außerdem verleiht es einem einen gewissen Reiz, so sensibel zu sein. Man fühlt sich auch auf erbitternde Weise erhaben über die weniger Zarten, die tapfer Strapazen auf sich nehmen und ihre kleinen Leiden nach Möglichkeit unterdrücken: „Daß Sie das können, nein, das brächte ich nie fertig, aber ich bin ja auch besonders sensibel …" Mit anderen Worten: „Ich bin ein verfeinerter Ausnahme-Mensch und du ein robuster Trampel!" Und der robuste Trampel nimmt sich heilig vor, sich bei den nächsten winzigen Kopfschmerzen auch bleich und ausdrucksvoll auf die Couch zu legen, aber dann erwartet man gerade Gäste oder hat einen Riesenkorb voll Zwetschen zum Einmachen bekommen, oder es ist ganz einfach niemand da, der einen auf der Couch bedauern könnte.

Manch unbedachter Arzt, der einen Teil seines Einkommens sensiblen Menschen verdankt, gab diesen in einem verhängnisvollen Augenblick den Rat, sich vor Aufregungen zu hüten. Ich hoffe, er weiß nicht, was er damit der menschlichen Gesellschaft angetan hat. Ein zarter

Mensch, der sich nicht aufregen darf, kann mühelos eine ganze Schar weniger zarter Menschen auf die schrecklichste Art tyrannisieren. Man darf sich um alles in der Welt nicht mit ihm streiten, denn das regt ihn zweifellos entsetzlich auf. Man darf ihm nicht widersprechen, denn das bringt ihn aus dem Gleichgewicht. Man darf ihn nicht zur Rede stellen, wenn er sich von seiner unangenehmsten Seite zeigt, denn das verschlimmert sein Leiden. Jeder kennt sie, die sich mit halbgeschlossenen Augen ans Herz greifen und schwer atmen, wenn man sie etwa fragt: „Wo sind eigentlich die silbernen Kaffeelöffel, die ich von der Großmutter geerbt habe? Angeblich hast du sie in Verwahrung genommen..." oder die zu ihren Tropfen Zuflucht nehmen. Obgleich sie sich nicht aufregen dürfen, regen sie sich dennoch bei der geringsten Gelegenheit so schrecklich auf, daß ein heiliger Respekt vor diesen Szenen die anderen dazu bringt, willig alle Schwierigkeiten des Daseins von ihnen fernzuhalten, um sie sich selbst aufzupacken. Ich kannte einmal eine Person, die so zart war, daß sie es einfach nicht ertrug, wenn ihr Mann sich über ihre nahezu ungeheuerlichen Schneiderrechnungen aufregte. Niemand war infolgedessen besser gekleidet als sie!

Falls übrigens eine Leserin oder ein Leser, denen der Arzt jede Aufregung verboten hat, sich über diesen Artikel aufregt, so möchte ich ihnen in aller Form mitteilen, daß ich sie zweifellos nicht gemeint habe. Denn sie können ganz bestimmt wirklich und wahrhaftig keine Aufregung vertragen. Das gibt es nämlich auch.

Nun werden Sie mal schnell wieder gesund!

Obgleich man natürlich allen Kranken schnelle und gute Besserung wünscht, trifft es einen doch zuweilen hart, wenn ein Patient allzu rasch gesundet. Dann nämlich, wenn man fest vorhatte und sich auch dazu verpflichtet fühlte, ihn im Krankenhaus zu besuchen. Während man noch dabei ist, die Ausführung dieses Vorhabens vor sich herzuschieben, vernimmt man plötzlich, daß der Patient bereits wieder zu Hause ist und einen auf diese Art tief beschämt hat. Nie mehr wird man die Scharte auswetzen können, daß man zu denen gehört, die ihn drei volle Wochen lang ganz unbesucht im Krankenhaus liegenließen.

Deshalb sollte man auf den alten Aberglauben, daß ein Patient mindestens sechs Wochen lang das Krankenhausbett ziert, wenn der Arzt von drei Wochen spricht, nicht allzu fest bauen, sondern möglichst bald, mit Blumen gewappnet, zur schicklichen Zeit das Krankenhaus betreten. Die Atmosphäre daselbst stimmt einen sanft, milde und schüchtern. Kaum traut man sich, eine vorüberhuschende Gestalt nach Zimmer 276 zu fragen, und der versehentliche Einbruch in die Teeküche, aus der man murmelnde Stimmen bei sonst völlig verödeten Korridoren hört, erscheint einem schon fast als schwerer Frevel. Aber auch in Zimmer 276 angekommen, bleibt zuerst eine gewisse Befangenheit. Man stellt plötzlich fest, daß man mit Menschen, die man sehr gut kennt, regelrecht Konversation treibt, sobald man an ihrem Krankenbette sitzt. „Nein, was machst du denn für Sachen!" ist etwa eine beliebte Redensart, womit man das Gespräch mit dem Kranken beginnen kann. Außerdem findet man ihn auf jeden Fall recht gut aussehend. Der Kranke seinerseits hat zu sagen: „Ach, die schönen Blumen! Daß du noch weißt, daß ich gerade Tulpen (Maiglöckchen, Rosen, Nelken …) besonders gern habe. Die soll Schwester Annemarie aber gleich in die Vase stellen …" Schwester Annemarie schwebt heran und erzählt uns prompt, daß „wir" schon fabelhafte Fortschritte gemacht haben, daß „wir" schon auf dem Gang promeniert oder einen Teller mit was weiß ich für guten Sachen ganz aufgegessen haben. Wir versuchen inzwischen, unauffällig unsere Handtasche vom Bett zu nehmen, denn dunkel schwebt uns die Erinnerung vor, daß Krankenschwestern es nicht leiden können, wenn etwas auf den Betten liegt.

Die allgemeine Auffassung verlangt, daß man am Krankenbett von heiteren Dingen plaudern soll, die den Kranken nicht aufregen, sondern nur erfreuen. Und während man bemüht ist, solche Dinge ins Gespräch zu bringen, muß man feststellen, daß der Patient gar keinen rechten Wert auf die Kinder, die Frühlingsblumen und die letzte Kunstausstellung legt. Er will von etwas ganz anderem reden: von seiner Galle oder von seinem Herzen, von seinen Bestrahlungen, Diätkuren und vor allem von seiner Operation. Wenn es hochkommt, macht der normale Nichtmediziner eine Blinddarmoperation im Leben mit. Deshalb stumpft er gegen dieses Ereignis auch nie so ab wie der Mediziner. Ich habe schon an vielen Krankenbetten gesessen und dem spannenden Bericht Blinddarmoperierter gelauscht. Es war nicht eine Operation dabei, bei der der anwesende Professor nicht gesagt hatte: „Eine Stunde später …" Schweigen! Und was das zu bedeuten hat, weiß man ja.

So erweitert man seine medizinischen Kenntnisse bei einem Besuch im Krankenhaus ungeheuer, denn der Kranke kennt ja nicht nur seinen eigenen Fall, er erlebt zumindest vom Hörensagen einen Autounfall, zwei Kollapse und die Geburt von Zwillingen. Und dann liegt da ja auch noch im Nebenbett Frau Andresen. Die gute Sitte verlangt, daß man sich mit Frau Andresen bekannt macht und ihr gute Besserung wünscht. Sehr oft erfährt man dabei auch ihre Krankengeschichte. Kommt man öfter in Zimmer 276 zu Besuch, wird man auch den Sohn und die Schwiegertochter von Frau Andresen kennenlernen nebst Foto vom Enkelchen. Man wird ihre kleinen Fortschritte auf dem Wege der Genesung miterleben und sie bewundern, wenn sie eines Tages im Sessel sitzt. Schließlich ist sie nach Hause in ambulante Behandlung entlassen, und nun endlich hat der Patient, den man eigentlich besucht hat, Gelegenheit, einem zu berichten, daß Frau Andresen eine entsetzliche Nervensäge war, sich schrecklich anstellte, in Wirklichkeit kerngesund war und Kirschkerne in der Nachttischschublade abzulegen pflegte.

Es ist ziemlich schwer, den richtigen Moment des Abgangs für einen Besuch im Krankenhaus zu finden. Man weiß nicht recht; ist der Patient froh, wenn mal einer kommt – oder ist er froh, wenn der Besuch wieder geht, so daß er seine Ruhe hat? Von diesen Überlegungen hin und her gerissen, plaudert man sich durch die Viertelstunden, bis die mit einem Tablett beladene Schwester Annemarie erscheint und sagt: „So, nun wollen wir aber heute mal schön Abendbrot essen!"

Du mußt zu meinem Doktor gehen!

Noch heute bin ich fest davon überzeugt, daß unser Freund Hermann längst geheilt wäre, hätte er vor einem Jahr unseren Rat befolgt und wäre zu unserem Doktor gegangen. Denn gerade in Bandscheibensachen ist dieser Doktor einfach phänomenal. Leuten, die sich seit Jahren quälen, konnte er helfen, und aus dem In- und Ausland kommen seit fast zehn Jahren die Bandscheibenleidenden geströmt, um sich heilen zu lassen. Aber unser Freund Hermann glaubte leider anderen Leuten, die auch phänomenale Ärzte kennen, zu denen aus allen Teilen der Welt die kompliziertesten Fälle geströmt kommen, und so muß er eben immer noch leiden, und wenn man ihn auf unseren Doktor hinweist, meint er nur müde, er habe langsam genug von Wunderärzten.

Kein Wunder – kaum fühlt man eine einigermaßen gebräuchliche Krankheit, so trifft man lauter Leute, die gerade dieses Leiden entweder selbst oder in ihrer allernächsten Umgebung hatten. „Bandscheiben" etwa gibt es wie Sand am Meer, und es ist sehr tröstlich, wenn man als Leidender andere Leute in der Vergangenheit von ihnen reden hört. Man vergleicht die Symptome und fühlt sich in seinem Leiden nicht mehr so allein und verlassen, da auch die anderen oder ihre Nächsten die gleichen Symptome hatten. Und nur, weil Dr. A. ihnen Spritzen gegeben hat, Dr. B. sie eingerenkt, Dr. C. ihnen Spezialmassage verordnet und Dr. D. sie zum Turnen gezwungen hat, ist alles wie weggeblasen. Vielleicht hat auch Dr. E. sie auf ein hartes Brett gelegt oder Dr. F. sie operiert – auf jeden Fall schwören alle auf ihren Doktor, der sie nach mancherlei Fehlschlägen bei anderen Ärzten endlich geheilt hat. Wohin – um Himmels willen – soll der Leidende sich wenden, bei so vielen Möglichkeiten, zum falschen oder zum richtigen Doktor zu gehen?

Dies alles bezieht sich selbstverständlich nicht nur auf die Bandscheibe. Magenleiden, einen unstabilen Kreislauf, Rheuma, allerlei Hautleiden und eine empfindliche Galle etwa haben unzählige Menschen. Wie viele, merkt man erst, wenn man selbst von irgendeinem dieser Leiden geplagt wird. Bis dahin völlig gleichgültige Menschen kommen einem auf einmal nahe, wenn man erfährt, daß ihr Magen sich auf die gleiche Weise störend bemerkbar macht wie bei uns selbst. Sprudelwasser ist das reinste Gift, und Gänseleberpastete ist einfach nicht mehr drin. Auch der Kreislauf, das muß man wirklich sagen, verbindet die leidende Menschheit miteinander. Oder berührt es einen etwa nicht warm, wenn man vernimmt, daß ein besonders gut und besonders jung aussehender Mann sich nach dem Aufstehen gar nicht gut und jung fühlt und daß es seine tieferen Gründe hat, wenn er nicht mehr wie früher stundenlang in praller Sonne Tennis spielt? Es sind eben ganz die gleichen Schwindelgefühle ... Über Rheuma läßt sich natürlich auch viel sagen. Man kann sogar mächtig streiten, weil es immer Leute gibt, die alles besser wissen, weil sie selbst das gleiche haben und deshalb genau diagnostizieren können, daß das, was wir (und unser Arzt) für Rheuma halten, in Wirklichkeit nur Muskelverkrampfungen sind auf Grund seelischer Schwierigkeiten. Rotlicht, Tabletten, viel Vitamin B und das gute alte Katzenfell, ja, sogar die Roßkastanie in der Tasche – alles läßt sich diskutieren, und die Tatsache, daß die Schmerzen, die junge Leute zuweilen in den Schultern verspüren, auch eine Art von Rheuma sind, das vom Autofahren bei offenen

Fenstern kommt, erweitert den Kreis der Beteiligten. Und erst einmal das Herz! Was gibt es da doch für Möglichkeiten! Als neulich endlich, endlich einmal jene beiden jungen Leute, die man schon öfter nicht ohne Absicht zusammengebracht hatte, in ein lebhaftes Gespräch gerieten, über was sprachen sie da? Über die Neigung ihrer beiden Herzen, mitten in der Nacht in wahrhaft alarmierender Art zu schlagen, und über die besten Mittel zur Behebung dieses beängstigenden Zustandes. Allerdings kam dann doch die Verabredung dabei heraus, daß er mit ihr zu ihrem wahrhaft unvergleichlichen Arzt gehen wollte. Denn gleich neben den Gesprächen über die Leiden kommen die über Ärzte. Es gibt sehr gute und sehr schlechte, freundliche und grobe, solche, die immer Spritzen geben, und solche, die auf Naturheilkunde schwören. Die einen sagen nie ein aufschlußreiches Wort, und die anderen erklären alles haargenau – und fast jeder Mensch mit irgendeinem Leiden schwört auf irgendeinen Doktor. Das kann sich natürlich mehrfach ändern. Den, bei dem sie aber gerade in Behandlung sind, den empfehlen sie warm, nachdrücklich und überall. Ist es denn nicht fabelhaft, daß endlich jemand herausgefunden hat, daß alles Elend nicht, wie immer angenommen, vom Magen, sondern vom Zwölffingerdarm herrührt, daß die Kopfschmerzen seelisch sind und die Rückenschmerzen von den Füßen kommen? Man muß nur zu dem richtigen Arzt gehen! Manchmal gibt es ganze Gruppen, die sich darin finden, daß sie alle beim gleichen Arzt in Behandlung sind und infolgedessen alle Leinöl essen, in warmem Wasser schwimmen, Sauerstoff inhalieren, Fastenkuren mit trockenen Brötchen machen und auf Brettern schlafen. Das verbindet kolossal gegen die übrige Menschheit!

Und was den Freund Hermann betrifft – so leid er einem tut: Hätte er sich doch nur beraten lassen. Aber von uns!

Die Dicken und die Dünnen

Da es hierzulande ungleich viel mehr Menschen gibt, die ein Leben lang mehr oder weniger zäh und mehr oder weniger erfolgreich überflüssige Pfunde bekämpfen, als solche, die gut und gern noch ein paar Kilo dazugebrauchen können, ist es um die Behandlung der Dicken innerhalb der Gesellschaft sehr viel besser bestellt als um die der Dünnen. Ein dicker Mensch – zum mindesten, wenn er persönlich anwesend ist – ist nicht etwa dick oder gar zu fett, er ist stattlich, er ist stark, er ist vollschlank. Und mag er auch etwa, aus dem Urlaub heimkehrend, durch viele Pfunde bereichert, nahezu dahergerollt kommen – immer wird die höfliche Umwelt auf Anfrage diesen nicht zu übersehenden Tatbestand überhaupt nicht erkannt haben wollen. Einzig und allein unbestechliche Ärzte, Schneider und Schneiderinnen mit dem Zentimetermaß in der Hand, sehr gute Freundinnen und besonders direkte und schon fast grob zu nennende Zeitgenossen stellen den Tatbestand des Zugenommenhabens fest. Alle anderen reden nur von „blühendem Aussehen" und streiten energisch ab, daß ihnen schon gleich aufgefallen ist, wie stramm der Gürtel sitzt. Natürlich ist es ihnen doch aufgefallen! Wie sollte es auch nicht?

Dagegen ist der dünne Mensch geradezu vogelfrei. Vielleicht liegt es am Neid aller derer, die ihn essen sehen oder sich vorstellen, was er alles essen könnte, ohne daß es „anschlägt". Bekanntlich ist der Futterneid einer der heftigsten. Nur so ist es zu erklären, daß es für die Dünnen Hinweise auf ihre unvollkommene Konstitution geradezu regnet. „Nehmen Sie nur noch ein Stückchen Kuchen, Sie können es ja brauchen!" heißt es etwa ein Leben lang. Immer hoffen gutmütige Mitmenschen, daß man im Urlaub, in der Ehe, nach dem ersten Kind, im neuen Haus, nach der Prüfung, und wann auch immer, ein paar Pfund zunehmen möge, und immer bricht fast ihr Herz, daß sie vergeblich gehofft haben. Bei Platzverteilungen im Auto, bei der Zuteilung eines etwa morbiden Stuhls – immer wird der dünne Mensch hören, daß er ja nur eine halbe Portion darstellt. Nie würde jemand bei einem noch so dikken Zeitgenossen von einer doppelten Portion sprechen.

Daß ein magerer Mensch aus dem gleichen Grund mager sein kann wie ein dicker Mensch dick – nämlich, weil er halt von Natur aus so dick ist – und daß er sich dabei pudelwohl fühlen kann, ist offensichtlich schwer vorstellbar. Die Sache muß doch einen Grund haben! Also raucht er entweder viel zuviel (was bei anderen Menschen hinsichtlich der Figur offensichtlich keine Folgen zeitigt), oder er hat ein schleichendes Leiden (die Schwindsucht beispielsweise), oder er führt ein Lotterleben ohne Schlaf, oder er besteht nur aus Nervosität, oder aber er hungert – vor allem weibliche Zeitgenossen – in fehlgeleitetem Schönheitssinn, um die Magerkeit zu erlangen oder zu erhalten. Wehe ihm, er lehnt gelegentlich mal die zweite Portion fetten Schweinebratens ab! „Nun brauchst du aber nicht noch dünner zu werden!" heißt es mit mildem Vorwurf. Dabei hat er schon als Kind fetten Schweinebraten nicht ausstehen können. Dicke Leute hingegen könnten sich, wenn es von ihrer weiteren Umwelt abhinge, in Frieden totfressen. Es ist unvorstellbar, daß ein Gastgeber ihnen die Fleischschüssel entrisse mit dem Bemerken: „Lassen Sie das lieber, Sie sind ohnehin dick genug!" Im Gegenteil: einmal ist keinmal, und so ein Stückchen wird schon nicht schaden, oder was es sonst noch an freundlichen Zureden gibt.

Ganz besonders arm dran sind jedoch alle jene, die dazu neigen, nicht nur schlanker zu sein als der Durchschnitt, sondern obendrein nicht immer wie das blühende Leben auszusehen. Dem einen sind von Natur aus leuchtend rote Wangen geschenkt. Das ist übrigens auch nicht nur als Glück anzusehen: Sie mögen sich so elend fühlen, wie es nur möglich ist, nie wird ihnen das jemand so recht glauben, weil sie dem Anschein nach nur so von Wohlsein und Gesundheit strahlen. Und schonen wird man sie ihr Leben lang nicht. Geschont werden übrigens die Blassen auch nicht unbedingt immer von den Leuten, die feststellen „Siehst du aber elend aus!" Meist irritiert es die Ärmsten bloß. Labile Naturen übrigens fangen nach kürzester Zeit an, sich wirklich elend zu fühlen, wenn man sie elend aussehend findet. Sie schauen in den Spiegel, und der Glaube an ein verborgenes Leiden, das sicher demnächst akut wird, breitet sich beunruhigend in ihrem Inneren aus. Dabei ist manchmal überhaupt nur die ungünstige Beleuchtung schuld. Es gibt Menschen, die geradezu eine Leidenschaft dafür haben, schlechtes Aussehen bei anderen zu konstatieren. Und wenn man nur so strahlt vor Gesundheit und Wohlergehen, so werden sie doch wenigstens ihrer Freude darüber Ausdruck verleihen, daß man nun endlich nicht mehr ganz so elend und schlecht aussieht wie noch vor ein paar Wochen, im letzten Sommer oder im vergangenen Winter.

Am allerliebsten aber hat man jene betulichen und aufdringlichen besorgten Mitmenschen, die stets unaufgefordert, aber mit gerunzelter Stirn und mit geballter Teilnahme feststellen, unser Ehemann oder unsere Ehefrau sei aber wirklich zu dünn und sähe schlecht aus und man solle doch unbedingt etwas dagegen tun. Tun Sie mal was dagegen!

Vor dem Bildschirm wird man wieder jung

Ganz gewiß sind die treuesten Fernseher die älteren Menschen. Sie sitzen sogar noch treuer, unentwegter und dankbarer vor dem Bildschirm als die Jungen, da ihnen jene Kämpfe mit Eltern und Vorgesetzten erspart bleiben, die den Kleinen ständige Niederlagen bereiten und in deren Folge sie nicht nur auf die schönsten Werbesendungen zu verzichten haben, sondern auch johlendes Hohngelächter der Erwachsenen über Tarzans neue Heldentaten erdulden müssen oder kurz vor dem Western oder Krimi an die frische Luft oder ins Bett geschickt werden. Die alten Herrschaften dagegen können das Programm voll auskosten mit Kinderfunk, Wiederholungen und Werbefernsehen, und (zu unserer Schande sei es gesagt) zuweilen sind ihre jüngeren Angehörigen recht froh darüber. Haben sie doch auf diese Weise für Großmutter oder Großvater eine ständig rieselnde Quelle der Unterhaltung zur Verfügung, die völlig unabhängig von Besuchen, Briefen, Einladungen, Telefonaten und anderen Anregungen fließt. Man stellt erleichtert fest, daß Oma am Montag endlich die Wahrheit über Casanova erfahren wird, daß am Donnerstag ein Filmfestival stattfindet und am Freitag der Kommissar ins Haus kommt, ganz zu schweigen von den lieben Seriengestalten, in deren Musterfamilien – sie würden nie erlauben, daß einer von den Jungen das Haar so lang trägt! – Oma ständig zu Gast ist.

Die Folge dieser Übertragung aller Betreuungspflichten an das Fernsehen ist dann die, daß man bei gelegentlichen

Stippvisiten bei den alten Herrschaften das Gefühl nicht ganz los wird, die Gastgeber warten voller Spannung darauf, daß man nur ja rechtzeitig vor dem Auftreten von Vivi Bach und Dietmar Schönherr das Feld räumt oder doch wenigstens während der Sendung den Mund hält.

Aber so schlimm muß es ja nicht gleich kommen! Immerhin ist das Fernsehen heutzutage für betagte Menschen eine wichtige Sache, und sie können sich sehr erregen, wenn man ihnen in den alten schönen Ufa-Film mit Willy Forst oder Fritsch – „Ja, das waren noch Filme, und trotzdem immer anständig" – hineinredet. Ganz unter uns gesagt, haben wir natürlich auch alle einen Onkel oder eine Tante, deren Herzen höher schlagen, wenn sie in historischen Sendungen die deutsche Wehrmacht siegreich nach Frankreich hineinziehen sehen, oder die beim Anblick eines unnatürlich schnell trippelnden Kaisers Wilhelm mit seinen sieben Söhnen von der monarchistischen guten alten Zeit schwärmen.

Aber man glaube ja nicht, daß unsere alten Verwandten nur in der Vergangenheit lebten! Dank eifrigen Fernsehens sind sie völlig up to date, und wenn sie etwa auch die Pornowelle und die rückhaltlose Aufklärung nicht billigen, so bedeutet das nicht, daß sie, sobald das Programm in die Nähe dieser Gebiete überwechselt, den Apparat abstellen. Manche alte Dame, deren Vorstellungen etwa über den Paragraphen 175 siebzig Jahre lang höchst nebulös waren, hat aufgeholt und gebraucht jetzt zum Jubel ihrer ganzen Familie die gewagtesten Ausdrücke. Auch sonst hat sich der Horizont ungeheuer erweitert: Man muß sie nur hören, die alten Herrschaften, wie sie etwa mit ihren Enkeln höchst sachgemäß über den Sport reden, wo ihnen vom „doppelten Rittberger" über den „Matchball" und „Pulvermanns Grab" bis zum „verwandelten Elfmeter" und zu „200 Metern Brust" nichts fremd ist. Auch an der

Politik nehmen sie regen Anteil und sind zuweilen ganz erstaunlich wohlinformiert. Allerdings richtet sich hier Kritik oder Beifall nicht immer nach ganz sachlichen Gründen. Es wird zum Beispiel viel Wert darauf gelegt, ob sich einer „manierlich" benimmt. Ein Politiker, der keinen Trauring trägt, obwohl er neulich mit seiner Frau gezeigt wurde, ist sicher auch sonst nicht ganz solide, und wer soviel raucht, gibt der Jugend kein gutes Beispiel! Und kann denn seine Frau nicht darauf achten, daß seine Strümpfe nicht rutschen?

Zu vielen der Damen und Herren, die da tagtäglich zu den oft einsamen alten Leuten ins Zimmer kommen, erwächst mit der Zeit ein sehr persönliches Verhältnis. Der eine Ansager wird geschätzt und geliebt, seine Krawatten erhalten Beifall, seine Anzüge bewundert man, und besorgt wird festgestellt, daß er wirklich bald Urlaub machen sollte – bei der Verantwortung, die er trägt! Der andere ist sicher ein ordentlicher Mann, aber eben noch sehr jung, und der dritte, den man nahezu abgeschrieben hatte, steht wieder höher im Kurs, seitdem er Einsicht bewies und auf seinen unkleidsamen Schnurrbart verzichtete. Die jungen Damen dagegen werden viel weniger geliebt. Mit ihren Kleidern und Frisuren wird hart zu Gericht gegangen. Außerdem lächeln sie natürlich viel zu oft, oder sie gucken mal wieder brummig. Kurzum, sie geben willkommenen Anlaß zu allerlei Kritik.

Außerdem bietet das Fernsehen den alten Damen und Herren zwischendurch immer wieder einmal Gelegenheit, ein erfrischendes Nickerchen zu machen. Und abstellen kann man das Gerät natürlich auch – aber nur den Ton, dann hat man immer die Gewißheit, daß man nicht etwas versäumt!

Und abends schnell noch einen Krimi...

Eigentlich kann die Sache gar nicht gut ausgehen, aber uneigentlich weiß man ganz genau, daß sie doch gut ausgeht. Der Held der Serie befindet sich zwar unentrinnbar in der Hand der Verbrecher, die keine menschliche Regung kennen und Morde begehen wie andere Leute etwa Autos reparieren oder Briefe auf der Maschine tippen, aber wir haben schließlich einer Programmzeitschrift entnommen, daß diese Serie noch lange nicht zu Ende ist – also wird der Held ganz sicher gerettet. Außerdem hat der Oberverbrecher noch nicht ganz sicher genau erklärt, wie, warum und mit wem er seine Untaten vollbracht hat. In Krimis haben nämlich fast alle Verbrecher, die auf sich halten, das unstillbare Verlangen, ihren Todfeinden noch einmal alles genau zu erklären, wodurch dann sehr oft die für die Rettung notwendige Zeit gewonnen wird. Alles gute Zureden der Zuschauer etwa in dem Sinn: „Nun red doch nicht lange, sondern bring ihn endlich um!" kann natürlich das Ende der Serie auch nicht beschleunigen. Genau eine Woche später wird man sich den gleichen Unsinn ansehen und natürlich aufs lebhafteste kommentieren. Wohlerzogene Leute reden im Kino nicht dazwischen – einer der Vorteile des Fernsehens ist ganz entschieden, daß man dabei reden kann. Und gerade zu Krimis läßt sich viel sagen.

Zunächst muß gemeinsam herausgefunden werden, welches die Bösen und welches die Guten sind. Manchmal ist die Sache von vornherein klar. Manchmal weiß man aber auch nicht, ob der Mensch, der da am hellichten Tag offensichtlich verkatert im Bett liegt und eine bildschöne Puppe achtlos zur Seite schiebt, um an den Telefonhörer zu gelangen, ein Privatdetektiv oder ein Gangster ist. „Er duscht, er gehört zur Polizei!" wird etwa konstatiert oder: „Na bitte, er schläft im Unterhemd und tritt auf das Kleid von Mary-Rose ..." Beides, so weiß der geübte Fernseher, tun die Guten niemals. In anderen Fällen wird die Sache anders geklärt: Jener nette, höfliche, gepflegte Mensch mit den wundervollen Manieren muß der Bösewicht sein, weil es doch derselbe ist, der am vergangenen Freitag immer die Katze streichelte, und das war wahrhaftig ein perfider Supergangster. Übrigens ist die Sache auch nicht immer ganz leicht. „Wer ist denn dies nun wieder?" fragt plötzlich ganz konsterniert die liebe Tante, und bei der anschließenden Diskussion stellt sich heraus, daß die einen meinen, daß das doch der ist, der im Bistro immer telefonierte und auf die Uhr schaute, während eine Gegenpartei dafür ist, daß das der im Regenmantel ist, der das Paket ins Auto gelegt hat. Manchmal sehen sich die Burschen wirklich fatal ähnlich, und der Gang der Handlung kompliziert sich dadurch, daß man über weite Strecken zwei verschiedene für ein und denselben gehalten hat.

Der Handlungsablauf wird auch nicht immer kommentarlos hingenommen. Vor allem muß man dagegen protestieren, wenn aus irgendwelchen, überhaupt nicht einleuchtenden Gründen ständig die Leute mutterseelenallein in verlassenen Häusern und gefährlichen Parks herumschleichen müssen. Sie verzichten völlig auf ihren Freund und Helfer, die Polizei. Auch Frauen kennen da nichts, und alle Zurufe der kundigen Fernseher: „Paß auf, Mädchen, gleich gibt's einen über den Kopf!" können sie nicht daran hindern, geradewegs in die Höhle des Verbrechens hineinzumarschieren oder zu kriechen, wobei man dann einräumen muß, daß sie sicher im Turnen eine Eins hatten.

Die Männer werden auf sportlichem Gebiet auch heftig gelobt, dagegen gibt ihre Intelligenz häufig zu Besorgnis Anlaß: Die Ärmsten sehen eben anscheinend nie fern und wissen nicht, daß jemand, der mit der Zigarette im Mundwinkel spricht und einen Hund tritt, immer zu den Finsterlingen zählt. Und wenn so einer einen schon abends an einsame Plätze bestellt, murmelt selbst der an sich zurückhaltende Zuschauer: „Ruf doch wenigstens vorher die Polizei an, du Rindvieh!" Worauf es sehr gut sein kann, daß ein anderer äußert: „Was kann man von jemand, der so ein Affenjäckchen trägt, Besseres erwarten?" Und prompt marschiert der Held dann auch ins Unglück.

Die besonders Begriffsstutzigen haben übrigens ganz am Ende noch einmal Gelegenheit, Gut und Böse voneinander zu unterscheiden: Die Guten sterben würdig mit ein paar passenden Worten auf den Lippen – die Bösen hingegen überkugeln sich, explodieren in Autos, verbrennen und scheiden unter fürchterlichem Geröchel oder schrecklichen Zuckungen dahin. Besonders gern rennen sie auch ihren Verfolgern davon, irgendwelche Treppen hinauf, obwohl ihnen doch ihr gesunder Menschenverstand – der bis dahin bewundernswert gearbeitet hat – sagen müßte, daß – oben angekommen – die Aussichten fürs Fortkommen miserabel sind. So müssen sie also mit einem markerschütternden Schrei abstürzen oder -springen. Und das Publikum sagt: „Na ja!" und wendet sich anderen Dingen zu. Manchmal erhebt sich aber noch eine Diskussion darüber, wieso eigentlich der Chauffeur in seinem Auto das grüne Notizbuch finden konnte, wo doch der Vater den Arm in der Schlinge trug...? Und von der Kinokarte war überhaupt nicht mehr die Rede. Aber als Peter gleich am Anfang sagte, die Geschichte mit den zwei gekochten Eiern hätte etwas zu bedeuten, hätten wir gar nicht so blöd zu grinsen brauchen.

Bei Wullers war alles fabelhaft

Wenn Wullers Hähnchen aßen, so bekam nicht nur jeder ein ganzes, sondern die Tiere waren auch noch mit reinem Hackfleisch gefüllt. Auch sonst ging es in diesem Haushalt sehr üppig zu: ein Pfund Aufschnitt auf dem Abendbrottisch war weg wie nichts, und die Sessel waren mit einem Stoff bezogen, der mindestens hundertundzehn Mark pro Meter kostete. Das letztere war natürlich kein Kunststück, da Wullers als Geschäftsleute alles billiger bekamen. Deswegen beschenkte er auch alle Angestellten zu Weihnachten pro Person für wenigstens zweihundert Mark. Aber die Tochter war ein Ekel, und Wullers waren heilfroh, als sie schließlich doch noch einen Verlobten fand, obwohl sie natürlich lieber einen gesehen hätten, der sich nicht ganz so dämlich im Geschäft angestellt hätte. Jedoch liegt die Tochter falsch, wenn sie glaubt, sie würde das Geschäft erben. Da ist noch nicht das letzte Wort gesprochen. Frau Wuller ist eine Eule, die so einen guten und fleißigen Mann gar nicht verdient hat, und ihr Brillantring hat netto zweitausend Mark gekostet. Trotzdem ist sie ständig unzufrieden und hat es an der Leber ... Ich könnte Ihnen noch viel mehr von Wullers erzählen. Geschichten, etwa über Fräulein Wuller, von denen weder Mutter noch Verlobter eine Ahnung haben und auch nicht haben dürfen. Dabei habe ich die Leute noch nie gesehen – nicht einmal die Stadt, in der sie leben. Aber ich hatte sechs Monate lang ein Hausmädchen, das bei Wullers zwei Jahre lang gedient hatte. Manchmal beschäftigt mich jetzt der Gedanke, was nun wohl Frau Schlachtermeister Pingel alles über unser Familienleben zu berichten weiß.

Wullers sind bei weitem nicht die einzigen Leute, die ich sehr genau kenne, ohne sie gesehen zu haben. Es gibt da noch einen nunmehr sechs Jahre alten Knaben namens „Burschi", mit dessen neckischen Aussprüchen und fabelhaften Anzeichen genialer Frühreife ich seit Jahren von seiner stolzen Tante bekannt gemacht werde, ohne daß mein Wunsch größer wird, den gerühmten Knaben kennenzulernen; und es gibt Frau R. mit ihren beiden mißratenen Söhnen und den ständig wechselnden Schwiegertöchtern, deren Lebensweg ich seit meiner Schulmädchenzeit verfolge, genauer gesagt, seit einem Schulmädchengeburtstagskaffee, als die Kusine der ungeratenen Söhne von der ersten ernsthaften Missetat ihres Vetters und dem Kummer der armen Tante berichtete. Seitdem sind Jahre vergangen, aber durch die etwa alle zwei Jahre in Gesprächspausen gestellte Frage: „Was macht eigentlich deine Tante Lisa?" habe ich das ganze Schicksal mit allen traurigen und komischen Ereignissen abrollen sehen, so genau, wie es nur Verwandte berichten können. Würde mir ein Zufall einmal eine der Schwiegertöchter in den Weg führen, so könnte ich der Ahnungslosen die erstaunlichsten Schilderungen ihres mißglückten Ehelebens geben. Und als Tante Lisas Dackel starb, das letzte Überbleibsel aus guten, alten Zeiten, habe ich überraschenderweise so etwas wie Kummer verspürt...

Andere Haushalte lernt man am besten nicht durch eigenen Augenschein – der ist völlig überflüssig –, sondern durch die gemeinsame Putzfrau kennen. Man ist Buschs zwar noch nie begegnet, aber man weiß, daß sie soeben eine Waschmaschine gekauft haben, obwohl sie alle Wäsche aus dem Hause geben, und weder Matratzenschoner noch Bettumrandung besitzen, die doch wirklich in einem

ordentlichen Haushalt noch vor der Waschmaschine ange-
schafft werden sollten. Menkes dagegen haben einen
gepflegten Haushalt: silberne Serviettenständer, zwei
Bowlen mit je vierundzwanzig Gläsern, eine wundervolle,
handgearbeitete, seidene Häkeldecke auf dem Salontisch,
eine Hausbar, wo das Licht angeht, wenn man sie öffnet,
und zwei Gummibäume bis an die Decke. Aber das Geld
hat Frau Menke, und darauf sitzt sie auch. Es ist eine große
Erleichterung, daß auch bei Menkes nicht alles so ganz
vorbildlich zu sein scheint; man hatte der Putzfrau gegenüber schon Hemmungen, weil man weder auf dem Gebiet der Häkeldecke noch auf dem der Bowlenservices
auch nur in etwa Gleichwertiges zu bieten hatte.

Schon als Kind kennt man fremde unbekannte Kinder.
Da war zum Beispiel der Otto von Großmutters Kränz-
chenschwester. Dieser Otto war, wie seine Mutter uns gegenüber ständig vorwurfsvoll wegen unserer eigenen Unzulänglichkeiten berichtete, schlechterdings vollkommen:
er bewältigte schon im zarten Alter jeden Abwasch und
ging auch sonst seiner Mutter zur Hand; er brachte nur
gute Zensuren mit nach Hause, wollte gar nicht ins Kino
gehen, sondern lieber ein gutes Buch lesen, und er riß nichts
entzwei; hatte als einzigen Wunsch an das Christkindchen
nur den, daß es ihm hülfe, dermaleinst in den Himmel zu
kommen. Erst nach Jahren begriff ich, daß Otto sich etwa
im Alter meiner Mutter befand und seine glorreiche Kindheit fast vor einem Vierteljahrhundert stattgefunden hatte.

So ist natürlich bei den Leuten, die man zwar sehr genau
kennt, aber nie kennengelernt hat, mancher Irrtum möglich. Aber bis ich das Gegenteil vor Augen habe, bleibt
beispielsweise der Verlobte meiner Friseuse der schönste
Mann, den ich mir vorstellen kann, so schön, daß die Mädchen auf der Straße stehenbleiben und ihn dauernd in
Schwierigkeiten bringen. Sagt sie.

Die ganz perfekten Frauen

In Miniaturausgabe gab es sie schon in der Schule, wenn auch genauso selten wie im Leben allgemein: Nicht nur, daß sie Fremdsprachen, Erdkunde und Mathematik beherrschten, sie waren auch die Stütze ihrer Klasse bei Sportfesten, ihre Zeichnungen hingen auf den Schulfluren, und ihre Handarbeiten wurden nicht nur fertig – was allein schon etwas Besonderes war –, sondern waren nützlich und wirkten obendrein auch noch gefällig. Außerdem waren jene Mädchen hübsch anzusehen, hatten immer saubere Fingernägel und blütenweiße Kragen, und ihre blauen Faltenröcke bekamen nie Flecken. Nicht daß sie unangenehme Streber gewesen wären – aber sie vergaßen einfach ihr Heft nicht zu Hause und lernten nie das falsche Gedicht auswendig, wie es weniger perfekten Schülerinnen durchaus von Zeit zu Zeit passieren konnte.

Eine derartige allzu große Vollkommenheit macht jedoch die nur mit einer gängigen Menge von guten Eigenschaften ausgestatteten Mitmenschen unsicher, und ich erinnere mich an unangenehme Stunden neben einer so perfekten Mitschülerin, in denen meine Hauptaufmerksamkeit darauf gerichtet war, meine Fingernägel, die trotz morgendlichen Bürstens immer schon nach der zweiten Stunde zu Beanstandungen hätten Anlaß geben können, zwanglos verdeckt zu halten. Später gelingt es den gleichen, nunmehr zu perfekten Damen herangewachsenen Mädchen, ihre weißen Handschuhe viele Stunden lang blütenweiß zu erhalten, während man selber, mit ganz ähnlichen Gefühlen wie früher, seine schon beim ersten Griff ans Gartentor schwärzlich gewordenen ehemals gleichfalls weißen Handschuhspitzen versteckt. Auch wird es einem in zwanzigjähriger Bekanntschaft nie gelingen, jene perfekten Damen auch nur ein einziges Mal mit einer noch so winzigen Laufmasche anzutreffen, und natürlich sitzt ihr Haar immer vorteilhaft und gepflegt, obgleich sie am Morgen noch zum Schwimmen waren, sich die Haare immer selbst waschen oder eine spottbillige kleine Friseuse an der Ecke haben – alles Umstände, die bekanntlich unsere Gepflegtheit ruinieren würden.

Die perfekte Frau läuft als Gastgeberin zu ihrer Höchstform auf. Angefangen von einem Stapel strahlender Gästehandtücher nebst Eau de Cologne und griffbereiten Sicherheits- und Nähnadeln mit Fäden in verschiedenen Farben, über eine sorgfältig zusammengestellte Gesellschaft, delikates, natürlich eigenhändig nach persönlich in Frankreich oder Italien gesammelten Rezepten zubereitetes Essen, eine genügende Anzahl ständig geleerter Aschenbecher, bis zu der nach Mitternacht servierten, wahrhaft köstlichen Suppe und dem auf Wunsch gelieferten (und sogar vorrätigen) koffeinfreien Kaffee ist alles über jedes Lob erhaben. Von schrankenloser Bewunderung erfüllt, wäre man aber dennoch ganz glücklich, an einem Teller eine winzige abgesprungene Ecke, eine schlechtgebügelte Serviette oder wenigstens eine zerbrochene Salzstange zu entdecken. Statt dessen muß man hören, daß die perfekte Dame nicht nur weiß, wer der Außenminister von Italien ist, sondern auch ihr soeben freundlich gelobtes und auch wirklich wundervolles Kleid selbst genäht hat. Spätestens in diesem Augenblick pflegt irgendeiner der anwesenden Herrn, deren Gattinnen höchstens den Ministerpräsidenten von Italien wüßten und für ihre Kleider viel größere, oft schmerzlich empfundene Summen ausgeben, die Gastgeberin als leuchtendes Beispiel hinzustellen. Die Damen hingegen betrachten sie mit schwindender Sympathie. Da hat man nun von Anbeginn an mit mehr oder weniger Erfolg den Glaubenssatz vertreten, daß Eleganz Geld kostet, und nun kommt diese Person und erklärt mit rührender Bescheidenheit, daß es, „wenn man sich einmal darantraut, ganz einfach" sei, ein fabelhaftes Modell aus einem Rest für 27,50 Mark erstehen zu lassen! Sowieso spukt in den Köpfen der meisten Männer eine Mutter, Schwester, Tante oder Kollegenfrau, die alles selber macht und dadurch bereits ein Haus oder ein Vermögen in Aktien erspart hat. Übrigens pflegt auch immer einer der Gäste der perfekten Dame um Mitternacht beim Genuß der herrlichen Suppe (diesmal nach spanischem Rezept, wobei man erfährt, daß es so schwierig ist, die spanischen Dialekte zu verstehen) seine Frau aufzufordern, doch auch einmal so etwas Gutes zu kochen! Natürlich hat die perfekte Gastgeberin einen blütenweißen Zettel in passender Größe gleich zur Hand, auf dem sie netterweise das Rezept niederschreibt. Mit Achtung und Respekt stellt man fest, daß man manche der angegebenen Gewürze gar nicht im eigenen Haushalt vorrätig hat, und man ertappt sich bei der zweifelnden Frage, ob unser Stamm-Kaufmann sie überhaupt am Lager hat. Übrigens kann es vorkommen, daß bei dieser Gelegenheit ein Ehemann mit fröhlichem Lachen verkündet: „Meine Frau weiß gar nicht, was Chutney ist!" Aber das kann die ganz perfekte Frau voller Takt selbstverständlich nicht glauben, obwohl es der Wahrheit entspricht.

Wie ist es zu verstehen, daß man die so perfekte Frau nun noch viel weniger leiden kann?

Heilwig von der Mehden
Nehmt die Männer,
wie sie sind

Es gibt keine anderen

Band 427 ·· 128 Seiten 9. Auflage

Dieses Buch erzählt von etwas ganz Alltäglichem: von den Männern, so wie wir Gelegenheit haben, sie an gewöhnlichen Wochentagen zu erleben: in all ihrer Torheit und Merkwürdigkeit, in stolzen und weniger stolzen Augenblicken, in Gesundheit und Krankheit, mit all den Eigenschaften, die uns hoffnungslos enervieren und auch mit denen, um derentwillen wir sie von ganzem Herzen lieben. Wir fahren mit ihnen im Auto, lernen ihre Freunde kennen, gehen auf Feste, feiern Weihnachten, ärgern uns mit ihnen über andere Leute und gegenseitig und scheitern total mit allen Versuchen, sie doch noch ein bißchen zu erziehen. Und dann schauen wir uns natürlich auch andere Männer an... vielleicht auch deren Frauen und Freundinnen, wundern uns zuweilen und finden, daß es eigentlich hätte viel schlimmer kommen können.
Hier sollen keine Ratschläge gegeben werden und keine Menschen zu idealen Partnern erzogen werden – wenn aber dieser oder jener sich selbst und seine Umgebung hier im Spiegelbild wiedererblickt und vielleicht erfreut feststellen kann, daß es anderen nicht besser geht und daß manches Ärgerliche doch auch seine komischen Seiten hat, dann sollte uns das sehr freuen. Im übrigen ist dies Buch eigentlich eine Liebeserklärung an die Männer!

in der Herderbücherei